Pedro Palao

«*Hablar de preguntas trascendentales para la vida es hablar de Pedro Palao Pons y su capacidad de mostrarte en una pregunta que el camino podría ser más fácil, que las opciones pueden cambiar una circunstancia y que todos tenemos la capacidad de cuestionarnos con sabiduría para avanzar. Un día sin esperarlo, te hará una pregunta que te hará trascender.*»

Kattia Morales · Gerente Recursos Humanos · Master Coach · Costa Rica

«*El ser humano que existe en Pedro es un regalo para quienes le conocemos y hemos compartido un poquito de su vida. Es un gran hombre, luchador, fuerte y muy inteligente, respetuoso y te contagia esas ganas de disfrutar de la vida.*»

Adriana de León · Arquitecto · Maestra en Ciencias Humanas · México

«*Pedro Palao es excelente, en todos los sentidos, tanto en la planificación de las sesiones, como las explicaciones que da incluyendo ejemplos para facilitar el entendimiento de la materia, son muy buenos y claros.*»

Eduardo Hernández-Sonseca · Exdeportista y Agente Deportivo · España

«*Pedro es mordaz y claro, con un peculiar sentido del humor. Su formación, de las mejores experiencias educativas que he tenido, sobre todo con la limitante de hacerlo virtual.*»

Ivania Salten · Gerente de Mejora Continua · Guatemala

«*Pedro es excelente, inspira mucha confianza, maneja excelente el tema.*»

Sonia Chincanana · Especialista en Salud Ocupacional · Colombia

«*A través de Pedro Palao he descubierto en mí muchas formas diferentes de escuchar, comunicar, observar a otros seres humanos.*»

Francesco Nistri · Empresario y Master Coach · Italia

«*Gracias Pedro por el amor y la humildad con la que me enseñaste mis primeros pasos de Coaching...*»

Marisol Chavez Ardeno · Ingeniero de sistemas · Perú

«*Una persona con un gran conocimiento y pasión por el Coaching. Retador, claro y conciso.*»

Natalia Ávila · Administradora de Empresas · Panamá

«*Gran maestro, apasionado y con un don natural para escuchar y comunicar.*»

Roxana Pacheco · Diplomática · Colombia

«*Pedro es Pedro, creo que con eso está todo dicho. Pero puedo añadir, ironía, conocimiento, empatía y mucho rapport.*»

Graciela Vargas · Abogado Penalista · Guatemala

«*Conoce muy bien las herramientas de Coaching, sabe enseñar cómo utilizar la técnica. Hace verlo sencillo, natural, con fluidez.*»

Melisa Alfaro · Psicóloga · Costa Rica

«*Contigo Pedro he disfrutado cada sesión de Coaching y ha sido como tomar una calentita sopa de fideos, en su punto perfecto, el ingrediente secreto: tu pasión.*»

Carolina Valencia - Arquitecto Coach · Costa Rica

«*Su conocimiento de cada tema es admirable, su buen sentido del humor realmente han hecho del curso un deleite y sobrepasó las expectativas.*»

Celia Cucalón · Administración de Empresas · EE.UU.

«*Pedro es simplemente un crack, logra transmitir su conocimiento de una manera extraordinaria y alcanza el objetivo de que se entienda el material que se presenta.*»

José Guzmán · Ciencias Políticas · Costa Rica

«*Ironía en estado puro y mucho conocimiento. Hace del Coaching una herramienta tan fácil que parece que uno se complica la vida buscando preguntas poderosas.*»

Luz Daisy Ríos · Empresaria · República Dominicana

El secreto de la sopa de fideos

¡Esto es Coaching!

El secreto de la sopa de fideos

¡Esto es Coaching!

Pedro Palao Pons

ROBIN BOOK

© 2021, Pedro Palao Pons

© 2021, Redbook ediciones

Diseño de cubierta e interior: Regina Richling

Ilustraciones: Wikimedia Commons / Alexas_Fotos

ISBN: 978-84-9917-642-0

Depósito legal: B-8.706-2021

Impreso por Reprográficas Malpe, S.A. c/ Calidad, 34, bloque 2, nave 7

Pol. Ind. "Los Olivos" 28906 Getafe Madrid

Impreso en España - *Printed in Spain*

ÍNDICE

1. ¡Bienvenidos a Las Vegas! 11

2. ¿Qué haces leyendo esto? 15

    ¿Tienes para tomar notas? 16

    ¡Pon un semáforo en tu cerebro! 17

    Pero… ¿Hay sopa o no? ¿Y secreto? 19

    ¿Expectativa o Realidad? 19

    ¿Debemos erradicar la expectativa? 21

    Antes de que te explote la cabeza… 24

    ¡Pónmelo fácil! 25

    «Si no quieres eso, entonces ¿qué es lo que quieres?» 26

    ¿Nos damos un sí? 27

3. ¡Si Sócrates levantase la cabeza! 29

    Desmontando el mito, mal que les pese a muchos 30

    Somos como tú, ¡faltaría más! 32

    ¿Cómo te afecta todo esto a ti? 33

    Somos nanopartículas, no el centro del Universo 34

4. ¡Asume el control! 39

    Las cosas son más fáciles de lo que crees: depende de ti 41

    Ahorra energía 42

    Establece un cordón sanitario 45

    Aleja el Síndrome de Dios de ti 45

    Quejarse para no tener que actuar 49

5. En porciones, todo va mejor 53

    Trabajando las porciones 56

    A priori, estos son los temas: 57

    Y los posibles subtemas serían: 58

    ¡Cuidado con la almohada asesina! 61

    Pon orden al caos 63

6. No inventes, clarifica y calibra 67

    ¿Qué es para ti…? 68

    Medir lo que parece evidente 70

    El método porcentual 71

7. El arte de la especificación 73

Evita los brindis al sol 75
Orientando tus peticiones 77
Aterrizando la claridad, sin tener que usar un avión 79

8. Y el suelo se abrirá bajo tus pies... O no 83

Tu cabeza: un mega cubo de Rubik 86
¿Qué tipo de brecha hay bajo tus pies? 91
Sea como sea, encuentra tu *momentum* 94

9 El arte de envolver 99

Dime dónde estás y te diré cómo estás............101
Cuando todo fluye, eso es *rapport*............102
Tú contigo antes de con los demás............104
Aplicando los distintos tipos de *rapport* 108

10. Dos orejas dan para mucho: ¿Sabes escuchar o solo oyes?...115

Tranquilo, vaciar la mente no es entrar en coma............117
Ajustando los niveles de escucha 119
¿Cómo prepararte para escuchar? 123
Limpia el «cerumen interpretativo»............123
Escuchar profundamente también implica silenciar la boca......124
¿Escuché lo que escuché o pienso que escuché pero solo oí? 125

11. Preguntas: Mucho más allá de un interrogatorio............129

La fuerza de la pregunta poderosa 132
Y la clave es... 135

12. ¡Gr*h#put..! ¿Te puedo hacer una crítica constructiva?.......139

No todos los *feedback* sirven para lo mismo............142
¿Qué hacer con todo esto? 144

13. ¡Ponte las pilas y no pierdas el tiempo! 147

La ecuación de grado extremo: 3R#3P#3R= 1RP 148
Las Tres Erres 151
Y por si acaso no hay bastante… 154

14. ¿Matemáticas vitales? 157

Personas que suman 159
Personas que restan 159
Personas que multiplican............160

Personas que dividen 160
Todo tiene una utilidad aunque no lo creas 161
¿Neurosostenible o neurocontaminante? 163

15. El Triple Filtro de Sócrates: básico como la sal en la sopa .165

16. ¿Quién eres tú? ¿Quién es tu avatar? 171
Tu director de escena 172
Reajustándote sin caer en la mutación 174
El actor que hay en ti 175

17. ¡Sopas para 14 días! 179
Tu reto serán preguntas 181
1. Sopa para mí 184
2. Sopa del para qué 185
3. Sopa de la zona de confort 186
4. Sopa para detenerte 187
5. Sopa de fracaso 188
6. Sopa de motivos 189
7. Sopa de muerte 190
8. Sopa de silencios 191
9. Sopa para mirarse el ombligo 192
10. Sopa para caminar 193
11. Sopa metafórica de arte 194
12. Sopa de eliminación 195
13. Sopa de liderazgo 196
14. Sopa de rabia 197

Epílogo 199

¡BIENVENIDOS A LAS VEGAS!

Vayamos con la primera decepción, no hay sopa. La segunda, tampoco fideos. ¡Ah! y la tercera: el secreto no existe. Por cierto, todo lo anterior es falso… O no. ¿Dónde nos coloca todo eso? Quizá en la incomodidad de la incertidumbre. Y si vamos un poco más allá, puede que hasta en la decepción por la expectativa. Llámale vida, realidad cotidiana o «esto es lo que hay», tanto da. ¿Y lo de Las Vegas? ¿Esto no era un libro de sopas, fideos y Coaching? Bien, pues la metáfora va por ahí: mezclar conceptos, jugar con ellos, pasarlo bien, obtener beneficio (y perder algunas cosas por el camino, que los casinos no son ONGs). Pero sobre todo estar en un entorno de seguridad, privacidad (aquí no hay cámaras) y «aislamiento», porque al fin y al cabo, como se suele decir: «Lo que pasa en las Vegas, se queda en Las Vegas». Lo que te pase a ti leyendo este libro, lo que transcurra por tu cabeza y pensamientos, tus sensaciones, aprendizajes, frustraciones, etc., son tuyos y solo tuyos. Tú eres quien decide si los comparte o no (para algo se inventaron las redes sociales).

Además, en Las Vegas, como en la vida, nos sumergimos en decorados, falsas expectativas, creencias y situaciones idealizadas que, como el título de este libro (te aseguro que creado a conciencia y con toda la intención) no siempre son lo que parecen.

Te decía que no tengo ni sopa, ni fideos, ni secreto… o sí. ¿Qué te ha hecho sentir eso? ¿Qué ha pasado por tu cabeza al leerlo? Tal vez duda, quizá incertidumbre, decepción, curiosidad… Perfecto, ese es uno de los objetivos del Coaching: remover, generar reflexión, pensamientos y sobre todo acción.

En general los humanos, por aquello de la supervivencia, guiamos nuestros pensamientos y hasta la conducta, empujados por los vientos de la certidumbre, la creencia o la esperanza. Es lo que necesita nuestro cerebro: «sentirse seguro». Todo va bien hasta que tras muchas ideas y prejuicios o suposiciones, creyendo que estaba todo controlado, llegamos a la meta (idealizada) y aparece la frustración. ¿El motivo? Al llegar tenemos la evidencia que los resultados no son los esperados.

¿Cuántas veces en las últimas 24 horas la realidad esperada no ha sido «tu» realidad?

Y, tras la queja, la decepción, quizá la rabia o la reacción improcedente, ¿qué has hecho? ¿Para qué te ha servido eso? No, no tengo ni la más remota idea de qué podrías haber hecho. Me falta contexto y conocimiento. Pero lo mejor de todo es que, pese a tenerlo, (quizá tú sí lo tienes) tampoco tengo el consejo o la solución infalible. ¿Quién soy yo para darte consejos? Esto es Coaching, ¿recuerdas? ¡Ah, cierto! No te he dicho que en Coaching no damos consejos. Disculpa.

Como ves, además de no tener ni sopa, ni fideos, ni secretos, tampoco tengo consejos. Desesperante sin duda, invertir en un libro que no da soluciones ni efectúa revelaciones metafísicas. O sí. Todavía es pronto para descubrirlo, paciencia. ¿Contradicción en mis palabras? Bueno, eres libre de verlo así. ¿Seguimos o ya has tenido suficiente? Si te marchas ahora te vas a perder la explicación de la sopa… Ah, no, ¡que no había sopa!

Y… otra cosa que se me olvidaba. De cuando en cuando, verás unos cuadraditos con manchitas dentro. No son salpicaduras de la sopa, se llaman QR y son enlaces que te llevarán a algunos contenidos en vídeo.

Pedro Palao Pons
Cocinero a ratos libres y por supervivencia.
Master Coach y Presidente de
The International School of Coaching · TISOC

¿QUÉ HACES LEYENDO ESTO? ¿NO TIENES NETFLIX?

«No esperes el momento perfecto. Toma el momento y hazlo perfecto.»

Nelson Mandela

S i pese a la anterior bienvenida sigues ahí, gracias. Confiaba en que así fuera. De todas formas, te aseguro que si buscas entretenimiento o pasar un buen rato, en Netflix y otras plataformas hay locos más raritos que yo. La diferencia es que no son Coaches aunque se les llame así. Ni el Chef Gordon, ni Supernanny, ni Hermano Mayor, ni los jueces de La Voz u otros *talent show*, son Coaches. Tienen esa denominación popular sí, pero no hacen Coaching. ¿Qué hacen? Además de showman ejercen de mentores, asesores, motivadores, consultores, guías, consejeros, etc. Y no, eso no es Coaching aunque haya quien lo crea. La confusión es normal; con la motivación, la asesoría y el Coaching sucede como con el caldo y la sopa. Esos dos platos pueden parecer lo mismo y no lo son. Tienen sus matices y peculiaridades. Pero todo a su momento.

¿Tienes para tomar notas?

Si tu respuesta en negativa, más te vale que vayas buscando un lugar o soporte en el que escribir o grabar cientos de respuestas a otras tantas preguntas que irán saliendo en cada uno de los apartados que iremos viendo. Sí, vas a encontrar muchas preguntas a lo largo de este libro. Sencillamente, esa es una de las herramientas esenciales del Coaching.

Regresemos a las notas. No te voy a decir cómo tomarlas. Hay miles de apps que te pueden ayudar si eres tan digital como yo, aunque no por ello debemos descartar el clásico bolígrafo y papel o el pergamino, la tinta china y la pluma de faisán que, si bien lentifican el proceso, son muy elegantes.

La clave de las notas es que, además de pensar en todas y cada una de las respuestas a las preguntas que aparecerán (ya han salido algunas, así que mejor que vuelvas a comenzar tu lectura y aplicarte), te van a servir como punto de toma de conciencia y reflexión.

Cuando alguien nos hace una pregunta o tenemos una idea y solo pensamos en ello sin tomar nota, corremos el riesgo de acabar perdiendo la información. Además, nunca podemos repasar y, lo peor de todo: el cerebro no es un disco duro. Su funcionamiento es simple: lo que no recuerda o no sabe con exactitud, directamente se lo inventa. ¿No me crees? Pues sí, cada vez que recordamos, salvo que tengamos memoria fotográfica, auditiva y situacional, recuperamos una buena parte de información, pero hay lagunas y como el cerebro no está diseñado para mostrar espacios en blanco, añade «fotogramas» e interpretaciones a los fragmentos de recuerdos que no tiene. Por tanto: anotemos.

El objetivo de que te pida tomar nota de todas tus respuestas y averiguaciones no es para mí. No lo voy a ver. Es para ti. Para que le saques un buen provecho a todo lo que iremos viendo y tengas puntos de referencia.

¡Pon un semáforo en tu cerebro!

Esta es tu segunda tarea tras las notas. Vamos a regular el tráfico de tus neuronas y pensamientos. Ante una pregunta podemos buscar la respuesta directa y clara, la instintiva y muchas veces reactiva o usar el semáforo de:

▶ Parar para escuchar o releer y comprender. (Equivalente a disco rojo.)

▶ Tomarnos un tiempo de reflexión que os permita estructurar la respuesta correcta. (Equivalente a disco anaranjado.)

▶ Responder con plena conciencia de lo que estamos diciendo o anotando. (Equivalente a disco verde.)

Esa es mi sugerencia, que apliques el semáforo ante las preguntas de este libro. Pero úsalo también en tu vida, en tus acciones, en las preguntas que les hagas a los demás o en las respuestas que les des. Por supuesto, puedes descartar esta opción e ir directo a la respuesta o anotación de una vez. Es cosa tuya. Por si acaso, para que veas que por recursos no será (la casa, el Casino, es grande y no repara en gastos), al final de este capítulo encontrarás la herramienta «El Semáforo» para que la puedas aplicar en tu día a día.

Por cierto, además de las preguntas que aparecerán entre los textos, (y que deberían ser respondidas con o sin anotación) también te vas a encontrar con un formato destacado que he llamado «Preguntas del Chef»

Ahí van las primeras:

 # Preguntas del Chef

Vale, ya tienes el libro. Estás en ello. Has hojeado o visto algunos textos, pero...

- ☐ ¿Qué haces leyendo esto? Cuál es tu objetivo?
- ☐ ¿Qué esperas de este libro?
- ☐ ¿Cuál es tu expectativa en este momento?
- ☐ ¿Qué herramientas, consejos, o recursos que estás buscando y esperas encontrar aquí?
- ☐ ¿Qué crees que puede suceder en caso que no satisfaga tus necesidades?
- ☐ ¿Cuál sería el peor escenario?
- ☐ ?Qué grado de relevancia tiene eso para ti?

La respuesta a estas preguntas te situará en tu situación global actual. Y solo si sabemos desde dónde y para qué partimos, clarificamos qué esperamos en la llegada.

Pero... ¿Hay sopa o no? ¿Y secreto? ¿Dónde están los fideos?

Te veo persistente, perfecto. Y sí, pese a lo escrito con anterioridad, si bien no hay nada de eso, sí que lo hay. No, no es mística cuántica. Deja que te explique.

Aunque puede parecer lo mismo, una sopa y un caldo no lo son. Pasa igual con el asesoramiento, la mentoría y el Coaching. Se parecen pero son distintos. El caldo es esa sustancia líquida que carece de elementos sólidos. En cambio la sopa, para serlo, debe tener elementos sólidos. Y sabido es que, el secreto de una buena sopa de fideos, está en la correcta y adecuada combinación entre sólidos y líquidos.

Quizá a estas alturas te estés preguntando qué tiene que ver una sopa y unos fideos con Coaching y con un libro. Es fácil, en cierta forma este también es un libro de recetas (las tuyas) y un libro de «alimentación mental» (la tuya). Por supuesto, es un libro de «combinaciones». Permite que insista: las tuyas.

Para comprenderlo mejor vamos a utilizar la metáfora, algo que en Coaching nos gusta mucho usar. Y la metáfora es sencilla: imagina que el líquido de tu sopa está compuesto por la mezcla de todo lo intangible. Así, tu «líquido» serán las emociones los pensamientos, los deseos y todo aquello que te pase por la cabeza al leer, responder preguntas o hacer tus planes de acción. Imagina ahora que los sólidos (los virtuales fideos) que le vamos a poner a nuestra particular sopa son los elementos tangibles, como por ejemplo tus acciones, herramientas, palabras y todo lo que sí tiene consistencia. ¿Cuál es el secreto entonces? ¡El secreto no lo conozco ni yo! Pero vamos a intentar descubrirlo juntos. No desesperemos antes de hora.

¿Expectativa o Realidad?

Te preguntaba al inicio qué hacías leyendo esto. Algo, quizá alguien, te ha traído hasta estás páginas. Puede que el detonante fuera la campaña de promoción, o tal vez que me conociste (¿debería decir padeciste?) en algunas de las formaciones internacionales de Coaching con TISOC o

sencillamente estás buscando un manual, una guía, recursos, recetas...
etc. En resumen, no tengo ni idea de qué es lo que te ha traído hasta
aquí, hasta este libro de Coaching. Sí, esto es Coaching. Sin embargo,
entiendo que tras la intención de compra y posterior adquisición, tienes
una idea o expectativa de lo que vas a encontrar en él. Además, ya has
respondido a esas preguntas con anterioridad, ¿verdad? De todas formas, permite que te cuente algo: en este momento tu cerebro está procesando información, emitiendo juicios, maquinando situaciones y
cuestionándose unas cuántas cosas. Con la mejor de las suertes estará
generando expectativas. En el peor de los casos, la realidad que está
viendo no le gusta y estás a punto de abandonar. ¡Lástima, solo estamos
comenzando esta locura y lo mejor (y también lo peor) está por llegar!

Es importante que aprendamos a diferenciar la expectativa de la
ilusión. Lamentablemente la expectativa nos configura a nivel mental
para idealizar o soñar con elementos que a veces son imposibles.

 «¿Debemos eliminar de nuestra vida la expectativa? No. Pero sí debemos aprender a "domesticarla".»

Las circunstancias de mi trabajo me llevan a cruzar el océano Atlán-
tico alrededor de entre 14 y 16 veces al año, como poco, viajando entre
Europa y Latinoamérica. No, no fui yo el que escampó la Covid. ¡Haya
paz!

Cada uno de los viajes, con independencia de a qué país me conduzca, es un caldo de cultivo perfecto para ver cómo se generan expectativas. Para eso a veces «afino» la oreja en conversaciones ajenas. Es
curioso escuchar y constatar que muchas personas no valoran las etapas
del viaje porque están focalizadas solo en la meta, en lo que van a hacer,
a ver, a sentir, a conocer... ¿Tienen ilusión? Puede, pero sus palabras
expresan más expectativa que otra cosa.

En mi caso, ya en el avión, especialmente en el momento de aterri-
zar, suelen aparecer pensamientos fugaces vinculados con «¿qué tal irá
la formación?, ¿cómo serán la reuniones con los equipos?, ¿cuánto pú-
blico aparecerá en las conferencias?, ¿cómo se desarrollarán las entrevistas en radio y televisión?», etc. Evidentemente, uno de los elementos

que también generan pensamientos es el derivado de los lugares a visitar y de lo que se come en cada uno… Me ha costado, lo reconozco, pero he logrado «domesticar» el murmullo y ruido mental de la expectativa, para reconvertirla en el «sonido» de la ilusión. Sin duda, algo mucho más gratificante e inocuo para el cerebro.

¿Debemos erradicar la expectativa?

La expectativa no es buena ni mala, a no ser que te conduzca por caminos que no son los más adecuados para tus objetivos. La expectativa es una creencia. Una forma que tiene el cerebro de proyectarnos hacia el futuro, basando esa proyección en ideas preconcebidas e idealizaciones muchas veces sustentadas en experiencias anteriores. La expectativa se alimenta de «lo que puede ser» «lo que puede pasar» y se basa en lo que nos han dicho, en lo que sabemos o pensamos que «tiene que ser». Por tanto, cuando estamos dejando que nuestro cerebro se sumerja en las expectativas, lo que estamos haciendo en realidad es desconectar una parte de nuestras neuronas del aquí y el ahora, de la realidad, de lo que sí sabemos, tenemos o podemos, para llevarlas a un mañana incierto.

    ¿Quiere esto decir que no debemos tener expectativas? Cada uno es libre de hacer lo que más me plazca. Sin embargo, particularmente creo que sustituir la expectativa por la ilusión nos puede ser mucho más útil.

Pero antes de avanzar…

 # Preguntas del Chef

- ¿Para qué te sirve la expectativa en tu día a día?
- ¿Te suma o te resta la expectativa que tienes sobre algo desconocido?
- ¿Qué emociones o sensaciones te aporta la expectativa cuando la tienes?
- ¿Cuál es tu expectativa con este libro?

Tras responder a esas preguntas, te propongo un juego. Ahora, cambia la palabra.

En todas las preguntas anteriores sustituye la palabra «expectativa» por «ilusión» y vuelve a responder.

- ¿Qué crees que ha pasado? Es sencillo, tu cerebro ha cambiado el foco. Ya no espera, sino que alimenta bioquímicamente situaciones que abren otras puertas.

En películas, series de televisión y memes de los que corren por internet, vemos esas imágenes donde nos hablan de expectativa contra realidad. Ahí queda evidenciado que la expectativa es lo soñado y la realidad lo tangible. Y la realidad será más o menos decepcionante, además de por el resultado que nos ofrezca, por la expectativa (que es un filtro) que hayamos puesto en nuestra meta. Por eso, defendamos la ilusión.

La ilusión es la puesta en marcha de de emociones positivas (constructivas) y propositivas. ¿Qué es propositivo? Algo bastante alejado de la expectativa. Propositivo es una actitud analítica capaz de evaluar críticamente los sucesos y generar soluciones a los problemas pensando metodologías alternativas. Y todo eso se puede hacer con ilusión.

La diferencia esencial entre tener ilusión y tener expectativas es que con la ilusión hoy puedes tener un día increíble porque sí, solo porque puedes salir a pasear bajo el sol, porque te reencontrarás con tu pareja o porque estás haciendo algo que te llena. En cambio la expectativa depende de lo externo y todo lo que es externo no es controlable. Depende de «cómo será lo que veré» (porque yo imagino que será…), «qué me dirá cuando hable conmigo» (porque yo supongo que me dirá y me hablará de…).

Para seguir complicándote un poquito más la vida, o no, te pregunto para tu reflexión...

► ¿En qué se basan tus ilusiones?

► ¿Son ilusiones única y exclusivamente tuyas o son compartidas?

► ¿Tus ilusiones se sustentan en algo que ha nacido de ti de tu pensamiento o surgen de lo que te dijeron otras personas?

Te voy a poner un ejemplo. Si alguien te dijo que esto del Coaching cambió su vida, o te explicó que con el Coaching podrías obrar maravillas o que participó en alguno de los cursos que yo facilité y se lo pasó muy bien y que por tanto este libro tiene que ser algo parecido… ¡Cuidado! Tus pasos están siendo guiados por la expectativa y pueden dar como resultado la decepción.

Es posible que esa persona tenga razón y que sea cierto todo lo que te ha dicho. Para él o para ella, eso es real y le ilusiona hablarte de ello. Pero su realidad no es tu realidad. Te está hablando desde su percepción y desde su vivencia. Y no es la tuya. Recuerda: si tomas decisiones en base a una vivencia ajena, no estás generando tus propias ilusiones. Estás fabricando expectativas en ti, focalizadas desde otro lugar o persona.

Antes de que te explote la cabeza...

Lo sé, la cosa se nos está complicando. Nadie dijo que esto del Coaching sería fácil. ¿Qué hacer en casos como los anteriores? Pensar con neutralidad, pensar en blanco. Piensa por ti, desde ti y para ti. Contempla siempre a los demás, tenlos en consideración pero... Tú eres tú y ellos no. La solución ante «¿qué hacer?» suele ser simple: deja a un lado las expectativas. Simplemente ponte en «modo» ilusión y determina respuestas asociadas a...

▶ ¿Qué resultado ilusionante quieres para ti?

▶ ¿Qué emociones deberías vivir para fomentar esa ilusión?

▶ ¿Qué deberías sentir y experimentar?

Si lo que te ha traído hasta aquí ha nacido de ti y solo de ti, de tu necesidad y de tus objetivos, de tus ilusiones y tus deseos, perfecto, te doy la bienvenida. Si ha nacido de otros, es un buen momento para que te plantees la necesidad o no de seguir leyendo. ¡Creo que voy a tener que moderarme! Esta es la segunda vez que te propongo que abandones.

¿Para qué te digo lo anterior? Para que tu lectura se convierta en algo útil y evitar que tu expectativa, más todavía si no es la tuya, se convierta en algo que suponga una decepción.

Siempre les pregunto a los participantes de los cursos de Coaching: «¿Qué esperas llevarte de esta formación?» Pues bien, vuelve a tus notas y con independencia de lo que hayas respondido al inicio de este capítulo, te sugiero que anotes tres cosas que realmente te ilusionaría llevarte de este libro. Tres cosas y solo tres, concretas, específicas y determinantes. Por supuesto, tres cosas que dependan de ti y nadie más de ti. De tus acciones y trabajo personal.

Recuerda, ponle ilusión a esos objetivos. Y procura que sean objetivos alcanzables, que esto no es un servicio del genio de la lámpara mágica. La ilusión nos empuja, es revitalizadora y hace que empecemos a poner focos en ámbitos propiciadores de pasión. Si te ilusiona generar cambios concretos y específicos que te lleven a tus objetivos, ¡genial! Ya estás empezando a caminar. Tu Coaching ha comenzado.

¡Pónmelo fácil!

Bien, a mí no, a ti. Al fin y al cabo tampoco me voy a enterar de cuáles son tus objetivos ni las tres cosas que te quieres llevar. ¡Póntelo fácil! Evita cometer un error muy habitual cuando trabajamos los objetivos: ¡Los pedimos desde lo que no queremos!

Lo veo continuamente. El mundo está lleno de los grandes gurús del «NO». Auténticos maestros no ya en decir «no», pase lo que pase, que también, sino en focalizar su vida e incluso la de los demás desde ese «NO». A eso le podríamos llamar el «Vocabulario de la pobreza», aquel que se consigue cuando focalizamos desde lo que no tenemos o no queremos o no podemos o no logramos. Claro, si todo el día le estás diciendo «no» a tu cerebro, cuando aparece un «sí», no te lo crees. Es como eso de los multiorgasmos, que todo el mundo habla de ellos pero tú ni los conoces ni los esperas.

Es muy curioso cómo a la hora de plantear objetivos lo hacemos desde el no: «No quiero este trabajo», «no quiero esta relación de pareja», «no quiero decepcionarme», «no quiero perder el tiempo», «no quiero vivir así», «no quiero que esto me vuelva a pasar»... Espero que no pienses que no quieres seguir leyendo de nuevo... Con frases como las anteriores la pregunta es fácil (¡casi casi de primero de Coaching!): «entonces, ¿qué es lo que sí quieres?» Y ahí sucede que muchas veces la persona no sabe qué decirte. Balbucea, resopla, se reacomoda en el asiento y hasta te dice aquello de «no sé, dímelo tú que para eso eres el Coach». Y tú piensas «Coach sí, pero no soy el oráculo de Delfos, querido/a».

Es muy significativo que puntualmente expresemos, mental o verbalmente, lo que no queremos. Está claro que nadie quiere perder el tiempo ni madrugar salvo que haya un buen motivo. Yo, pese al Coaching, el de madrugar lo sigo buscando. Tampoco queremos pasar un fin de semana aburrido, ni tener la sensación de ser improductivos y mil cosas más. Perfecto, pues regresemos a la pregunta (sí, en ocasiones hay que repetir las cosas para que quede todo bien claro):

«Si no quieres eso, entonces ¿qué es lo que quieres?»

O mejor dicho: «¿qué es exacta y concretamente lo que sí quieres? ¿Puedes detallarlo?»

Hablar desde el «no», además de parecer fácil, lo es. Por eso hablar desde el «sí» resulta mucho más complicado. El «no» nos quita responsabilidad. Es como si eso que «no quiero» dependiera de otros. En cambio el «sí» depende de ti. De tus pensamientos, palabras y acciones.

Decir «sí» significa que aceptas el reto. ¿Cuál? Aquello que te pones frente a ti cuando dices «quiero» tal o cual cosa. En cambio, cuando proyectamos lo que «no» queremos, entramos en una posición de comodidad. En cierto modo le estamos diciendo a nuestro cerebro: «ya vendrá alguien a resolverlo, ya vendrá alguien a ‹hacerlo›. Al fin y al cabo, yo solamente expreso lo que no quiero y no deseo». Perfecto, pues en situaciones como esas, tal vez y solo tal vez, si hicieras o dijeras otras palabras, ese «no», frío, lapidario, sentenciador y paralizante ya no existiría en tu vida.

¿Nos damos un sí?

No pierdas la calma (uy, otro no). El «sí, pero...» lo trataremos más adelante, que el cupo de la negación no termina aquí. Vayamos al «sí», la expresión que nos determina y posiciona hacia una acción, hacia un objetivo o, cuanto menos, hacia una predisposición sobre qué es lo que sí quieres.

Volviendo a la expectativa y la ilusión (atención, que vienen curvas), procuremos que el sí sea desde la ilusión y no desde la expectativa porque de lo contrario la cosa se complica.

Cuando focalizamos lo que «sí» queremos, deseamos, esperamos o necesitamos, manifestamos una actitud. A nivel mental ya estamos trabajando desde un posicionamiento de acción. Sin embargo, con esto no es suficiente.

Deseas otro trabajo, otra vida, otro televisor, otro coche, otra pareja... Perfecto, ya hemos cambiado lo que «no queríamos» por lo que «sí queremos». Es un primer paso, aunque el sendero es mucho más largo. El «sí» debe ser claro, contundente, ilusionante, firme, seguro. En cambio, cuando va acompañado de un «aunque», «pero», «sin embargo»... Ya no es un buen sí. No es un «sí» auténtico, sino condicional y la condición ralentiza el proceso o, en el peor de los casos, lo paraliza absolutamente.

Por ahora te dejo la Herramienta del Semáforo. Trabájala con calma, porque en breve entramos en profundidad en los ingredientes esenciales de nuestra particular Sopa de Fideos. ¡Suerte!

UTENSILIOS

EL SEMÁFORO

ÁREA ROJA

Qué me impide parar? ¿Qué es lo que no me deja escuchar? ¿En qué situaciones debo hacer un alto? ¿Qué es mejor no hacer? ¿Qué es mejor no decir?

ÁREA NARANJA

¿Qué me impide reflexionar? ¿Qué debo analizar más antes de hablar o hacer? ¿Qué ruidos me impiden ver la claridad? ¿Con quién puedo clarificar y reflexionar?

ÁREA VERDE

¿Qué me precipita? ¿Qué me permite avanzar? ¿Qué es lo que sí debo hacer? ¿Qué es lo que sí debo decir?

¡SI SÓCRATES LEVANTASE LA CABEZA!

«Se puede engañar a parte del pueblo parte del tiempo, pero no se puede engañar a todo el pueblo todo el tiempo.»

Abraham Lincoln

Sopitas de Coaching para establecer planes de acción.

N o, no se me ha aparecido Sócrates en sueños. Tampoco entre el vaho del café de la mañana para decirme «Pedro, ¿qué estás haciendo con este libro?». No es él, soy yo. Lo mío es una manía personal por reforzar ciertos aspectos conceptuales y de operatividad. Son procedimientos que debes tener claros cuando hablamos de aplicar o practicar algunas de las técnicas que usamos en Coaching. Y es que, de ahora en adelante, vamos a profundizar cada vez más en ese sistema.

Desde luego, si Sócrates levantase la cabeza y pudiera ver lo que se dice de él, se entristecería. Si viera cómo se confunde esto del Coaching con los estilos de conversación, la mayéutica y la pregunta, entraría en depresión y creo que regresaría de inmediato a la cicuta y no para tomarse un chupito precisamente. Viendo el panorama mundial y las animaladas que se dicen y hacen sobre Coaching, se la inyectaría en vena.

Aclaremos: ni Sócrates era Coach, ni el Coaching existía en su época. Y si te dicen lo contrario, te están mintiendo. Y por otro lado ser Coach no es ser ni un filósofo ni un iluminado. Tampoco es andar pisando brasas o clavándose agujas, disciplinas que sí hacen los faquires, que salvo que hayan estudiado, no son Coaches. Hacer Coaching no es gritar desnudo por la calle para recibir la iluminación, ni mucho menos repartir abrazos con una sonrisa de *peace & love* o inventar estúpidos juegos o retos virales de 21 días. Eso ni es Coaching ni es ser Coach.

Desmontando el mito, mal que les pese a muchos

Cada vez más personas, seguramente desinformadas, creen que ser Coach es poco menos que tener las llaves del Olimpo de la Fama y la Trascendencia. Algo así como el Valhalla nórdico, pero en modo Coaching y estando vivos, claro. Vamos, un lugar quimérico donde los que nos dedicamos a esto no caminamos, sino que levitamos cual seres elevados por encima del resto de la humanidad. Y si lo hacemos, porque para algo Platón, Sócrates, Epícteto u otros «Padres Fundadores» de eso que modernamente se llama Coaching, comparten libaciones de suprema sabiduría con nosotros, allá en ese otro plano.

Erróneamente, muchos (demasiados) creen que ser Coach es habitar un microuniverso trascendental, un lugar etérico donde la palabra (sí, el vulgar verbo humano, qué cosas) no es necesaria porque la mirada y la intuición (que en nuestro caso no atraviesa paredes, sino almas) ya lo dicen todo. Como si los Coaches tuviéramos superpoderes que nos capacitan para saber antes de escuchar, para comprender antes de validar... Y, en el peor de los casos, para aconsejar, moldear o mentorizar (algo que no puede ni debe hacer un Coach) a una velocidad del rayo, cual Zeus del siglo XXI.

Ser Coach y hacer Coaching de verdad es mucho más que lanzar máximas y reflexiones que, en esos casos, suelen ser pomposas en palabras, pero vacuas en contenidos. Envases de retórica que confunden y no ayudan. Eso no es Coaching y quien lo hace no es Coach.

Y sí, hay más de un vendedor humo que utiliza esto del Coaching desde ese prisma. Se dice Coach cuando en realidad es animador, motivador, conferenciante o simplemente un caradura. Un vividor que se dedica a motivar a los demás haciéndoles gritar, saltar o posturear frente a un espejo diciendo «sí se puede». Afirmando que eso es ¡Coaching puro! Falso. La motivación, la real, viene de la toma de conciencia y la reflexión de cada uno. No procede de un autoconvencimiento vacuo que depende de un gurú o de un grupo entrado en éxtasis. Eso no es motivación. Al menos no real.

 «Coaching no es lanzar discursos de motivación como si fuera un mitin político.»

El Coach no debe sermonear, no es un predicador ni un motivador. Debe escuchar, callar y dejar que el otro fluya, hable y configure el discurso de su vida. Eso sí es Coaching. Insisto, Coaching no es dar consejos al otro ni tampoco intentar convencer, manipular, regalar los oídos u ordenar qué hacer a los demás.

El Coach pregunta, conversa y provoca la toma de conciencia de su cliente. Es el cliente (al que llamamos *Coachee*) quien tiene las riendas de su vida y libre albedrío. Por tanto es dueño y señor de las decisiones, equivocadas o no, que tome y estén bajo su absoluto control.

Somos como tú, ¡faltaría más!

Los Coaches no vivimos en un entorno metafísico en el que nuestra presencia, cual *big bang* hecho carne y huesos, lo llenase todo. Vivimos en apartamentos y pagamos rentas e hipotecas como el resto. Padecemos insomnio y dolores de cabeza; nos entristecemos, tenemos días buenos y malos. Y como el resto, comemos y también vamos al baño. Y, como tú, sufrimos el estreñimiento o la diarrea, según sea el caso. Y eso nos fastidia y nos pone de mal humor como al resto. Ahora bien, Coaching no es tergiversar la realidad ni buscar parábolas pseudomísticas cada vez que ocurre algo que no nos encaja en los esquemas. Tampoco es asumir la realidad con un filtro de «*todo es para aprender y mejorar*» ni de «*esta es una prueba del destino para mi aprendizaje interior*». En tu interior, en momentos como los descritos antes, lo que hay es una profunda desregulación intestinal. Nada más.

Por tanto, dejemos claro que Coaching no sirve para vencer la adversidad o los impedimentos. No es una señal del destino dotada de crípticos mensajes que hay que saber leer entre líneas. Además, el Coach no tiene un diccionario o manual para desencriptar nada. Solo tenemos preguntas y reflexiones (¡y no siempre!) para que el Coachee, tal vez y solo tal vez, descubra otro foco o perspectiva que le ayude a entender. Esto es lo que estamos viendo en este libro, aunque en un formato más ligero.

Tranquilos, no estoy mezclando pastillas ni, como dicen en algunos lugares, tampoco me la fumo verde. Bueno, quizá me ha dado un poco más el sol esta mañana, lo acepto. Pero el sol me ha permitido un tiempo (un *momentum*) de toma de conciencia de una de las grandes presencias, también erróneas, que a veces se viven en el Coaching: la ausencia del ego o de humildad. Y es que a estas alturas, imagino que como sucede en otras profesiones, me empiezan a faltar dedos en las manos. ¿Para qué? Para contar a las, como suelen definirse, «almas divinas hechas carne para beneficio de la humanidad» que he conocido en estos años de Coaching por el mundo.

Almas, sí, pero «almas agujereadas» que diría un buen amigo, porque han confundido esto del Coaching con otra cosa.

 «El Coach tiene la obligación de ser humilde, delegar la responsabilidad, fomentar el desapego y propiciar el brillo de sus Coachees.»

El aprendizaje y la mejora de sus clientes no dependen de él. Dependen de la actitud, ganas y toma de conciencia que hace el Coachee. El Coach es una micropartícula que te acompaña en el proceso.

¿Cómo te afecta todo esto a ti?

Porque aunque no seas Coach, si lo que de verdad quieres es elaborar una buena, rica y espectacular Sopa de Fideos, debes actuar como un auténtico Coach. Debes actuar desde el corazón, no solo desde el método. Por y para ti, pero también por y para los demás.

En TISOC, la Escuela Internacional de Coaching que tengo el honor de presidir, siempre hemos dicho que no tenemos ningún interés en formar a personas para que «aprendan» Coaching sin más. Lo que nos interesa de verdad es que integren esta poderosa herramienta o sistema (que no ciencia, por cierto) sintiéndola para lograr ser «Coaches de Corazón». El resto no nos interesa, no va con nosotros. Y curiosamente, cuando digo eso en los cursos iniciales de certificación, a veces observo cierta extrañeza en los rostros de los alumnos. Es lógico: el corazón está dentro de ti y pertenece a tu intimidad, a tu alma, a lo que eres y sientes. El corazón eres tú. Y a ti no te puedes engañar. En cambio, el título de Coach está fuera de ello.

Y muchos vienen precisamente para eso, para «mostrar fuera» lo que no son o lo que no tienen. Para evidenciar lo que jamás cultivarán ni desarrollarán internamente. Y se extrañan, e incluso a veces se frustran, al descubrir que deberán descender de su ego y ascender a su humildad si de verdad quieren ser buenos Coaches. Y eso es una carrera de fondo.

«Aquí no hay milagros como en los programas de TV donde basta ir a una isla o encerrarse en una casa llena de cámaras para alcanzar la fama.»

Aquí solo hay trabajo duro por y para ti. Introspección, metas, reveses y con suerte, tomas de conciencia y respuestas a tus preguntas.

Somos nanopartículas, no el centro del Universo

Ser Coach no es un cargo de elevación divina, sino un trabajo de enorme responsabilidad. Por eso cuando a esos dioses o diosas metafóricos, convertidos en aspirantes a Coaches, les hacemos «tocar el barro» y «bajar» al «nivel de la humanidad», se sienten incómodos. El motivo es sencillo: a la Señora Humildad ni la han conocido ni la esperan. Y ahí surge el problema: podrán estudiar un método, podrán decir que son Coaches, podrán incluso obtener alguna titulación, pero solo serán Coaches de Cabeza, no Coaches de Corazón.

Y sí, vas a tener que ser como un Coach de Cabeza, pero también de Corazón. Debes sentir profundamente lo que haces. Debes fluir, aguardar, no anticiparte. Deberás preguntarte y escucharte y habrá cosas que no te gustarán.

El Coach de Corazón es ante todo humilde porque si hay algo relevante en un proceso de Coaching es el Coachee. Junto a él, el Coach debe ser casi invisible, casi imperceptible. Debe ser y comportarse como algo parecido a una nanopartícula subatómica que facilite la toma de conciencia y la introspección mediante la observación, la escucha y la pregunta poderosa. Pero no poderosa para el Coach, sino para el Coachee. Y lograr eso solo se alcanza con humildad y estando en segundo plano, pues así el Coachee (nunca el Coach) brille por sí mismo al alcanzar sus objetivos.

¿Quieres brillar? ¿Quieres alcanzar tus objetivos?

En tu cerebro se manifestarán voces que te dirán que no lo hagas, que no es tu momento, que no te compliques la vida. Son las voces de la comodidad, la costumbre, a veces del miedo. Voces que, cual malos Coaches, quieren saber más que tú. Quieren decirte qué, cuándo y de qué manera debes hacer las cosas. Y qué ritmo debes imprimir a tu vida para lograrlo ¡Acállalas! Oblígalas a que sean humildes y que permanezcan en un segundo plano. Eres tú quien debe controlar tus emociones y no ellas a ti. Tú controlas tu proceso.

Un Coach profesional, que lo sea de verdad, de corazón practicará la humildad en su comportamiento. Sí, humildad, esa palabra tan poco entendida y tan mal utilizada. Humildad para saber que aquí solo estamos de paso y que nada nos llevamos. Solo podemos dejar huella, pero que otros la vean o no, no es controlable. Humildad para reconocer que el auténtico protagonista de un proceso debe ser el Coachee y por eso, jamás caminarás delante de él para guiar sus pasos ni para trazar las huellas que debe seguir. Como Coach, yo no puedo pretender que sigas mis pasos. De igual forma, como usuario de herramientas de Coaching, no puedes pretender que los demás hagan las cosas como las harías tú y viceversa.

En Coaching no forzamos. No caminamos tras el Coachee empujándolo hacia la dirección que queremos que vaya. Sencillamente, el camino es de él. Y tú, ¿vas a dejar que tus creencias, juicios y prejuicios o tabúes sean los que te empujen a la inacción y te limiten? ¿Quizá a la acción impulsiva e incorrecta?

Un Coach, metafóricamente, camina junto a la otra persona. Avanza a su ritmo para acompañarla solo en el caso que quiera estar junto a él. Acompañamos, pero no por lo que decimos ser, ni por lo que en apariencia somos. Acompañamos por lo que aportamos de verdad, desde el corazón: conocimiento, empatía, asertividad, inteligencia emocional y ética profesional. Y tú, ¿quieres caminar junto a ti en un proceso de cambio cuando tengas que resolver un problema? Entonces «acompáñate», pero como si lo hicieras desde fuera. Que sean tu corazón y tu conciencia las que marquen el ritmo y no los demás. Ni tampoco la inseguridad. Acompáñate, pero aporta tu corazón y el amor hacia ti en todo lo que hagas. Acompáñate, pero silenciando el ruido que no suma nada positivo y propiciando la empatía y la asertividad para contigo.

Cuando las cosas no van bien, somos nuestros peores enemigos.

Enemigos capaces de empatizar con otros pero no con nosotros. Enemigos no humildes que alzan la voz ante el fracaso o el miedo e incluso ante la duda. A veces nos machacamos, nos faltamos al respeto diciéndonos que no somos capaces, que no estamos preparados, que no podemos...

Un Coach debe tener humildad para reconocer que ni lo sabe todo, ni jamás podrá saberlo todo, porque el tiempo es finito. En tu caso, la humildad de acción debe servirte para reconocer que puede que haya momentos en que te sentirás preparado, pero en muchos otros no. Ten humildad para reconocer que a veces necesitarás ayuda y que eso no te empequeñece ni te resta como humano. Al contrario, te engrandece porque ayuda a que desarrolles tu inteligencia emocional al tomar conciencia de que te sientes vulnerable, te faltan competencias y necesitas alguien que te ayude a encontrarlas.

Aunque tú no estés leyendo esto para ser Coach, te sugiero que apliques todo lo anterior. Si crees que por hojear y revisar unas cuantas páginas, herramientas y técnicas de Coaching (compartidas y escritas con mi máximo cariño) tu vida cambiará de la noche a la mañana, ahora sí: cierra el libro. No pierdas tu tiempo. En cambio, si estás dispuesto

a enfrentarte a ti, a tus miedos, incertidumbres y emociones (que para algo son lo que te hace humano) y si estás dispuesto a aceptar tu responsabilidad en todo lo que pienses hagas y digas, todo lo que hemos visto hasta ahora y lo que seguiremos trabajando te servirá.

En definitiva, Coaching no es...

Además de todo lo anterior, ya visto, Coaching no es:

▶ Asegurar que una herramienta que te garantiza el éxito sin trabajo y esfuerzo.

▶ Utilizar herramientas comunicacionales garantizando un éxito que no sabes se producirá

▶ Usar metáforas o teorías rimbombantes maquilladas con palabras de Buda, Sócrates, Gandhi o cualquier otro sabio reconocido.

▶ Sentarse a proyectar ideas y metas que no son realistas ni medibles ni seguibles. Porque no todo es posible, ni medible, ni ecológico, ecológico (que da más beneficio que perjuicio y no va en contra de otros), ni ético.

▶ Amonestar, abroncar, gritar o faltar al respeto de los demás con la excusa de dar un *feedback* o hacer una confrontación «constructiva».

▶ Realizar diagnósticos, terapias, asesorías o consultorías.

Puede que estés preguntando (aunque no lo sé, no está bajo mi control), ¿a qué viene esta arenga comenzando el libro? No es una arenga. Pretende ser una clarificación y a la vez una advertencia sobre la relevancia del ingrediente esencial al que llamamos tu corazón o si prefieres, tu ser interior, tu sentir. Si quieres resultados, tú eres lo más importante. Si quieres resultados, desconfía del milagro y confía en ti.

Bueno, ya me he quedado mucho más a gustito y creo que todo esto del Coaching está mucho más claro. ¿Seguimos?

¡ASUME EL CONTROL!

«Solo si controlas lo controlable, podrás influir lo que no está bajo tu control.»

Klaus Stock

Sopitas de Coaching para asumir
el control.

Un lunes más, tu jefe (sí ese al que ya no puedes ver ni en pintura), aparece en la oficina con su habitual cara de amargura. Tú piensas en su aburrida vida, la misma que, según tus creencias, le genera esa expresión de aridez. Él piensa que tú eres el mismo inútil que ve todos los días cuando llega al trabajo. Te saluda con algo que para ti es un gruñido, pese a que ha pronunciado un «buenos días». Te dices que no vas a aguantar mucho tiempo más así, pero no haces nada. Él avanza hacia su despacho y antes de cerrar la puerta tras de sí, sin mirarte, te dice «que nadie me moleste».

En ese momento por tu cabeza han pasado ideas, rencores, emociones y sensaciones. También percepciones e interpretaciones. Muchas, tal vez demasiadas. ¿Crees que en la suya no? Sin embargo, la mente humana es caprichosa. A veces es más fácil focalizar en los demás que en nosotros.

> **«Es más sencillo interpretar o lanzar la culpa de lo que sucede al comportamiento y actitud de otros que asumir la responsabilidad de una situación.»**

Sí, cuando algo no nos gusta o no nos parece correcto, suele ser por «culpa» de los demás. Y así ya no somos responsables de ello.

Me encuentro con historias similares a la anterior en decenas de ocasiones. Personas que no soportan a sus jefes o compañeros de trabajo. Personas que desean que sus parejas les expresen su amor de otra manera. Personas que, en definitiva, viven o padecen cientos de momentos ingratos en su vida. ¿Qué hacen? Acuden al Coaching (como si esto fuera el Bálsamo de Fierabrás, que todo lo cura), para que profesionales como yo les ayudemos a que su jefe les valore o buscando cómo lograr que su pareja les quiera más o indagando sobre qué hacer para que sus hijos de mayores sean felices.

Las cosas son más fáciles de lo que crees: depende de ti

Mira por dónde me ha salido una de esas frases que, escritas sobre una bella imagen de paisajes (con bruma, claro), alguien podría usar para dar esplendor en sus redes sociales y decir que eso es Coaching. Pues sí, pero no.

En serio, todo es más fácil de lo que puede parecer. Calma tu mente. Asume la realidad. Verifica qué está bajo tu control y luego, solo luego, actúa en consecuencia. ¿Ves como era fácil? ¿Ves como sí depende de ti? Vamos a la esencia del primer paso en Coaching para lograr «casi» todo lo que queremos: controlar lo controlable.

Tenemos una muy mala costumbre: focalizar en la dirección incorrecta. Debemos reenfocar. Que tu jefe sea antisocial o un mal líder no es tu problema, sencillamente porque eso no es controlable. Que te salude con mejor o peor humor por la mañana tampoco depende de ti. Quítatelo de la cabeza. Y ya puestos, calma tu mente y en lugar de perder el tiempo acordándote de la madre que lo hizo (y sus muchos antepasados) o inventándote cómo de aburrida es su vida para que él tenga esa cara de amargura, traza un plan de acción y cambio. Procura que el plan no contemple contratar un sicario. Eso, además de ser ilegal, sería poco ético. ¿Qué debes hacer? Controlar lo controlable y olvidarte de todo aquello que no lo es.

Que tu pareja te quiera más o menos, no es controlable. Que te exprese su amor a cada minuto o solo cuando te sonríe o jamás de los jamases no es controlable. Que tus hijos de mayores alcancen la felicidad o sean profundamente desgraciados no depende de ti. Depende de ellos. No es controlable.

Así pues, pase lo que pase a tu alrededor, centra toda la atención en ti. En lo que tú controlas. Y como veremos en la herramienta «radar de control», céntrate en qué puedes hacer para sobrellevar mejor lo que no controlas. Por supuesto, también, en qué puedes hacer para generar influencia...

Ya lo dijo Epicteto

Además de todo lo anterior, ya visto, Coaching no es:

El famoso filósofo griego (que antes fue esclavo, tiempo que le sirvió para generar mucha reflexión) nos ha dejado muchas perlas de sabiduría. Una de las esenciales es la que alude a asumir que «no todo en la vida depende de ti y cuanto menos tiempo tardes en asumirlo, más feliz serás». Esto me recuerda al famoso proverbio de Tagore: «Si no tiene solución, ¿de qué te preocupas?, y si la tiene, ¿para qué te preocupas?».

La filosofía de Epicteto, uno de los grandes maestros del estoicismo («¿quién soy yo para cambiar lo que no depende de mí?»), casi dos mil años después de su existencia, es tan actual como la computación cuántica. E incluso me atrevería a decir que mucho más fácil de entender y aplicar.

El filósofo decía que el ser humano no encuentra su felicidad porque invierte tiempo y energía en preocuparse por elementos que están fuera de su alcance y que no dependen de él y, en cambio, «olvidamos otros, mucho más esenciales y útiles que sí dependen de nosotros». ¿Cómo llevar eso al sentido más práctico? Es sencillo: toma de conciencia y entrenamiento.

Ahorra energía

Resolver lo que sucede no siempre es fácil. Ahora bien, ¿para qué lo complicamos más con elementos que están fuera de nuestro control? Empieza a luchar por ahorrar energía mental. Céntrate solo y únicamente en el 100% de lo que controlas. Y decide, o no, pasar a la acción.

Gastamos cantidades increíbles de energía neuronal fluctuando por los tiempos del pensamiento. Sí, aunque no lo creas, somos viajeros del tiempo que navegan continuamente por el pasado, el futuro y el presente. Nuestro cerebro es un auténtico crononauta. Se va al pasado a buscar «¿qué me quiso decir con ese comentario?», «¿para qué me lo dijo?»,

«¿me estaba insultando?», «¿había doble intención en sus palabras?»...
La respuesta es muy sencilla si nos preguntamos: ¿qué había bajo tu
control en sus palabras y motivaciones al decirlas? O preguntarle a esa
persona, en base a tus inquietudes, de qué estaba hablando. Si no lo
hiciste (y eso dependía de ti y solo de ti, porque eso sí estaba bajo tu
control), ahora ya es tarde. Y tu cerebro ha gastado energía inútilmente.
Pero no solo del pasado vive el ser humano. Cada vez que viajamos
al futuro con nuestros pensamientos, además de perder la atención del
aquí y ahora, gastamos energía.

> «*Todas las veces que tras una acción te preguntas
> "¿cómo se lo tomará?", "¿comprenderá lo que
> quiero que entienda?", "¿le gustará?", "¿me
> aceptará?", etc., estás abandonando tu zona de
> control.*»

Estás generado un desgaste brutal hacia temas que tampoco controlas tú. Recuerda: lo que pase en el futuro, las reacciones, comentarios o
pensamientos que tengan otras personas por lo que tú hagas, no depende de ti. No tienes el control. Estás perdiendo el tiempo y con él la
energía.

Y de nuevo, perdemos el control en el presente. Haciendo lo mismo,
poniendo el foco en todo en lo que no tenemos ni idea. Nos centramos
en lo que no sabemos y no controlamos porque cautiva nuestra atención. Cada vez que focalizas tu cerebro en lo que hacen, dicen o piensan
los demás, gastas tu energía vital en elementos que no dependen de ti.
Céntrate en escuchar, comprender y actuar en consecuencia. Esa es la
clave.

Preguntas del Chef

A título de reflexión sobre tu comportamiento. Vamos a viajar en el tiempo, pero a conciencia. Vamos a «invertir», no «gastar», energía en recordar y analizar. Piensa en tu última semana y respóndete:

- ☐ ¿Cuántas veces has dejado de decir o hacer algo por lo qué dirán o pensarán los demás?
- ☐ ¿Cuándo fue la última vez que te callaste y consideraste luego que no debías hacerlo?
- ☐ ¿Qué te impidió hablar?
- ☐ ¿Qué es lo peor que podría pasar si hubieras actuado?
- ☐ ¿Qué habrías dicho que no dijiste?
- ☐ ¿Cuándo habría sido el momento adecuado para hacerlo?
- ☐ Y si no lo realizaste, ¿qué te lo impidió?
- ☐ ¿Tuviste una oportunidad? ¿La generaste?
- ☐ Ante un reto, ¿qué piensas primero? ¿Qué puedes hacer tú o que hará la otra persona?
- ☐ ¿Qué vas a hacer en el futuro con situaciones similares?

Establece un cordón sanitario

Cada vez que tu mente se quiera «ir de viaje» hacia algo que no depende de ti, cancela su pasaporte. Te evitarás muchos disgustos. Pero además, esa medida de prevención debe ser uno de los ejes de tu vida. Haz lo que quieras con el consejo, por mi parte no es controlable que lo uses.

Recuerda que en Coaching todo tiene un punto de origen y un punto de destino. Ahora bien, el destino, tu objetivo ¿está bajo tu control? Puede que no del todo, pero seguro que hay muchos elementos que sí lo están. Entre otros, determinar claramente qué quieres, cómo lo quieres y qué harás tú para lograr eso, porque está en tu mano lograrlo.

Por supuesto, en una entrevista de trabajo, que te contraten o no, no depende de ti. No al 100%, pero ¿de qué sí depende? Depende tu forma de acudir a ella. Tú controlas tu actitud y tus tiempos. Dependen de ti las prendas que usarás ese día. También está bajo tu control la preparación de la entrevista, tu forma de hablar, gesticular, etc. Todo eso está en tu control. Un control que perderás cuando te digas «uy, me parece que no me está escuchando», o «¡vaya, por la cara que pone no le está interesando lo que le cuento!». Error. De nuevo has roto el cordón sanitario. En esa entrevista no controlas que te hagan esperar, pero sí cómo actúas frente a eso. No controlas las preguntas de la otra persona, ni sus cuestionamientos, ni sus objetivos. Sí controlas cómo responderás ante eso. ¿Ves como es fácil?

Aleja el Síndrome de Dios de ti

Si lo quieres tener todo controlado, vas mal. Y seguramente lo pasarás fatal. No puedes tener controlada ni la vida de los demás, ni la de tu pareja, ni la de tus hijos ni de todo aquello que no depende de ti. Es obvio, pero conviene recordarlo, porque a veces lo olvidamos. Las personas que son controladoras quieren tener todo medido, acotado y pesado. ¿Sabes qué les suele ocurrir? Que a causa del estrés de no poder controlarlo, aumentan sus niveles de cortisol en sangre y estos acaban afectando su salud. Tampoco se trata de ponerse en plan *hippie* o a lo Bob Marley, viviendo la vida pasando de todo, como quien anda embriagado permanentemente. El objetivo es ser ecuánimes en nuestro manejo de control.

 «*Tener el Síndrome de Dios es querer estar en todas partes a la vez.*»

Es tener una imperiosa necesidad de verificar y saber qué está pasando y qué puedes hacer tú sobre eso. Y no, ni tienes el don de la ubicuidad, ni eres omnipresente. Y si lo eres me llamas para contármelo. ¿Qué hacer? Cálmate. Asume tu realidad y controla lo controlable.

Tú no controlaste cuándo venir al mundo, pero sí controlas qué quieres hacer en tu mundo. Tampoco elegiste el país en el que naciste ni el sexo. Pero hasta en eso hay opciones. Quejarse, culpabilizar o lanzar la responsabilidad a otros no es la solución. La solución está en qué puedes hacer tú y solo tú para cambiar eso. Sí, lo sé, en lo tocante a la sexualidad no eres un caracol. Ese cambio dependerá de un proceso terapéutico y médico. Pero tú y solo tú, eres quien determina dar o no el paso de activar esa modificación. Un cambio, por cierto, en el que además, sí o sí, deberás ponerte en manos de otros. Y «ponerse en manos de otros» es ceder el control. Umm, ¿duro, verdad? A veces conviene hacerlo, pero sin mirar de reojo ni fiscalizando emocionalmente a cada paso. ¿Le vas a decir a tu traumatólogo cómo debe enyesar tu pierna fracturada? ¿Le vas a decir a tu entrevistador laboral cómo debe transcurrir la entrevista de selección de personal?

Asúmelo, no controlas el clima, salvo que seas uno de los superhéroes de Marvel. Que llueva o haga sol no es controlable. Lo único controlable es qué vas a hacer tú en ese día lluvioso para no llegar tarde a tu cita, mojado y de mal humor diciendo: «por culpa de la lluvia…» ¿Acaso crees que la lluvia no tiene nada mejor que hacer de perseguirte para fastidiarte la vida? Estás así por «culpa» tuya o, mejor dicho, por tu falta de «responsabilidad» de no usar un paraguas, salir antes de casa y disponer de un tiempo para calmar tu mal humor.

Preguntas del Chef

Al respecto del control, para cuando tengas un momento, algunas inocentes preguntas para tu introspección...

☐ ¿Qué controlas de eso que está pasando? ¿Qué no controlas?

☐ ¿Qué emociones estás viviendo? ¿Son tuyas por algo tuyo o son por algo externo?

☐ Si las ha provocado algo del exterior, ¿eso está bajo tu control?

☐ En caso que no lo esté, ¿para qué te sirven esas emociones?

☐ ¿Los deseos que tienes dependen de ti o de otros?

☐ ¿Han nacido en ti por tu convencimiento o porque otros te dijeron que debías tenerlos?

☐ ¿Qué está bajo tu control sobre esos deseos? ¿Qué no lo está?

☐ ¿Quién es culpable de tus angustias, tormentos o mal humor? ¿Los demás o tú?

☐ ¿Quién es el responsable de cómo reaccionas ante un insulto o un agravio?

☐ ¿Quién controla tu voluntad?

☐ ¿Qué te hace daño de los acontecimientos que ves? ¿Lo que tú percibes e interpretas de lo vivido o lo que está pasando realmente?

☐ ¿Qué te genera el dolor, querer controlar eso externo o no saber cómo controlarte a ti?

Preguntas del Chef

- ☐ ¿Para qué te sirve culpar a otros? ¿Qué te aporta? ¿Qué emociones generas en ti al hacerlo?

- ☐ ¿Dependes de la admiración de los demás, de sus palabras y halagos o dependes de las tuyas?

- ☐ ¿Te dices en qué aciertas o esperas a que los demás te digan en qué fallas?

- ☐ ¿Reconoces tus errores y áreas de mejora o solo son importantes cuando están en boca de otros?

- ☐ ¿Controlas lo que piensas sobre ti y procuras mejorarlo o solo te preocupa lo que otros puedan pensar de ti de lo que dices o haces?

- ☐ ¿Qué quieres, dejarte llevar por la ola de los acontecimientos o establecer un plan de acción desde tu control?

- ☐ ¿Qué haces, quejarte de lo injusta que es la vida, creyendo que las cosas solo suceden porque giran a tu alrededor, o decidir de qué manera puedes cambiar?

- ☐ ¿Qué eliges, poner mala cara y enfadarte con el universo o decidir qué, cómo y cuándo harás lo que sí esté en tu mano?

- ☐ ¿Qué te motiva, perder el tiempo pensando en los pensamientos y motivos de los demás o invertirlo en los tuyos?

- ☐ ¿Gastas tu energía en las quejas sobre lo que no harás, pese a que tenías previsto hacerlo, o reconduces tu vitalidad para hacer cosas distintas, incluso aunque no estuvieran programadas?

Quejarse para no tener que actuar

Este es un clásico. Me voy quejar de que la carne está fría o de que a la sopa le falta sal, pero no voy a pedir que me la calienten más (no vayan a pensar que soy rarito) y mucho menos solicitar un salero. ¿No me crees? Hay personas que viven así. Todo se puede decir con una sonrisa y con educación, pero...

Imagina esta situación:

Era un gran día. Mi cliente y su marido habían decidido tener una cena romántica en su restaurante favorito y... «¿Te lo puedes creer, Pedro? Nos la amargó la pareja de la mesa de al lado», me dijo, añadiendo luego: «¿Cómo voy a fortalecer mis lazos afectivos si todo parece estar en nuestra contra?».

El caso fue sencillo. Fueron a cenar y en la mesa contigua había otra pareja. Según me dijo mi cliente:«Sus rostros reflejaban cierta tensión. Ella parecía incómoda, y yo pensé que se debería a que les habían hecho esperar». Sí, mi cliente «gastaba» energía en suposiciones e interpretaciones, en lugar de focalizarse en la cena con su marido. Pero no, no se lo dije. Aguardé a ver qué más me contaba.

A los pocos minutos, los comensales colindantes comenzaron a discutir. «El tema cada vez iba a peor. No es que yo quisiera escuchar, Pedro, pero se usaron palabras poco adecuadas... Se dijeron cosas bastante feas. Y alguna, sinceramente, a mí me habría sentado muy mal». No, por supuesto que mi clienta «no escuchaba». En realidad lo que hacía era escuchar e interpretar cómo le habría afectado eso a ella. Para agilizar, mi clienta y su marido optaron por pedir la cuenta antes de los postres. Se perdieron la oportunidad de probar un espectacular cheese cake, que según me dijo: «Es un clásico de la casa, pero no lo habríamos disfrutado en aquella situación». Abandonaron el lugar enfadados, molestos y con la sensación de que «su» cena había sido un fracaso. «Nunca más volveremos a ese restaurante».

Ya sé que no hace falta ir organizando guerras por el mundo, pero ¿qué tenemos como resultado de la inacción? ¿Qué tenemos como resultado de dejar la atención en lo no controlable? Pues sí, además de quedarse sin postre y romper la «magia» de una cena romántica, la sensación de que alguien te «amarga» un encuentro. Eso se llevaron. Eso, por no hablar de no regresar a un lugar concreto. ¿Qué podían haber hecho? Desde luego, no estaba bajo su control la actitud de los de la mesa contigua. Pero sí estaba bajo su control tomar decisiones. Seguramente la más fácil (por poner un ejemplo) habría sido pedir un cambio de mesa. Y con eso se habría resuelto todo. Bueno, todo no, la señora no habría podido escuchar... Prefirieron «complicarse» la vida. Cenar deprisa, de mal humor, acabar antes de hora y «sentenciar» el restaurante para no volver nunca jamás.

Cuando le dije a mi cliente que no entendía su queja, ya que al fin y al cabo ellos habían tomado una decisión de forma libre y voluntaria, me miró incómoda, diciéndome, con cierto tono de rabia «¡Ah! Entonces según tú, ellos no eran culpables de nada. La culpa es mía por no hacer las cosas de otra manera». Mi respuesta fue que no podemos entrar en buscar culpables en temas como esos, sino en responsabilidades. En la responsabilidad de las acciones que, sean o no de mi agrado, son mías y por eso las tomo. Si yo decido que la mejor opción es abandonar un restaurante antes de hora por un desencadenante que no controlo, ¿de qué me quejo si tenía más opciones y no las tomé?

Lo del restaurante me recuerda a un rótulo que encontré ayer en un bar mientras tomaba un café para clarificar mis notas. Ante mis ojos, tras la barra había una «perla» de sabiduría. No era de Epicteto, sino popular, escrita sobre una madera añeja que rezaba: «Hoy hace un bonito día. Ya verás como viene alguien y lo jode» ¡Cuánta profundidad en tan breve texto! Hay que añadir que junto a ese vi otro que expresaba: «Hoy no se fía, mañana tampoco», pero quedémonos con el primero. Es más trascendente.

El cartel no es más que una broma, pero si lo analizamos con ojos de Coaching y de Programación Neurolingüística, la cosa cambia. El cartel nos predispone y anticipa: Alguien nos «joderá» o fastidiará el día. Así las cosas, el que está tras la barra o el que ha puesto el rótulo, asume que, cual agente pasivo, le tocará vivir una situación desagradable. Algo que, además, le arruinará el día. Desagradable puede, pero ¿No controlable por ningún lado? Me niego a creerlo. Sin embargo, para muchas personas, es más cómodo y fácil lanzar la energía hacia la culpa o la responsabilidad de otros que tomar parte de la acción y ser protagonistas de su propia historia.

¿Es controlable el tipo de cliente que va a entrar al bar? ¿Es controlable la actitud que va a tener? ¿Es controlable que nos sonría o que nos ponga mala cara? ¿Es controlable que nos pida las cosas de mala manera o que lo haga en tono educado y cordial? Desde luego no, no lo es. ¿Qué podríamos hacer ante eso? Está claro que no controlamos lo externo pero sí lo interno.

 «Somos dueños de nuestros actos, palabras, y pensamientos.»

Por tanto, el dueño del bar, sabiendo que no controla cómo y de qué manera interactuarán sus clientes, al menos sí sabe qué puede hacer él frente a situaciones como las descritas.

Aprender a manejar el control, o mejor dicho, la ilusión del control, es uno de los ingredientes esenciales para alcanzar nuestros objetivos. Por eso y con el fin de ayudarte, te sugiero que trabajes con esta herramienta antes de dejar que te explote la cabeza por un mal viaje en el tiempo de las neuronas. Cuándo y en qué casos utilizarla, depende de ti. Disfrútala… o no.

UTENSILIOS

RADAR DE CONTROL	
Trabaja con esta herramienta cada vez que tengas un pensamiento que te afecte o moleste y que contenga una alta carga emocional. Utilízala para tus proyectos y metas y también para analizar qué puedes hacer frente al comportamiento o palabras de los demás.	
¿QUÉ ESTÁ BAJO MI CONTROL?	¿QUÉ NO ESTÁ BAJO MI CONTROL
¿CÓMO PUEDO INFLUIR?	¿CÓMO ME INFLUYE LO NO CONTROLABLE?
¿CUÁL ES MI PLAN DE ACCIÓN?	¿CUÁL ES MI PLAN DE ACCIÓN?

EN PORCIONES, TODO VA MEJOR

«Haz aquello que puedes hacer, allí donde estés, con lo que tengas.»

Theodore Roosevelt

Sopitas de Coaching para
disfrutar de las porciones.

Conozco muchas personas que cuando van a un restaurante tipo buffet libre, pierden el norte. De pronto se convierten en animales antisociales que no conocen ni la amistad ni la solidaridad. La comida que hay ante sus ojos les puede. Llegan al restaurante cual zombi desnutrido y a veces entre codazos, arrasan con todo. Son los constructores de «platos montaña». Acumulan sin orden ni concierto lo que ven, dejándose llevar por un instinto primario de «lo quiero todo».

Es fácil detectarlos. Rellenan sus platos como si no hubiera un mañana. Y al final, curiosamente, buena parte de lo que se sirvieron, no se lo comen. Quieren el «todo», no «la parte». Y en Coaching, ese comportamiento, solo nos puede llevar a un destino: la indigestión mental. Así que toma nota: querer resolver todo a la vez y darle la misma prioridad a lo que te sucede, no te garantiza buenos resultados. Por eso, la fragmentación se convierte en esencial.

Como avance, quédate con esos conceptos que trabajamos desde el Coaching: macroproceso, microproceso y mesoproceso. Te serán de mucha utilidad en la preparación de tu Sopa de Fideos. Y, para ir haciendo boca, te cuento que el macroproceso sería el objetivo en su totalidad, la gran meta o el gran buffet libre. El microproceso aludiría a las acciones o pasos que decidimos implementar para alcanzar la gran meta. Algo así como metas menores. Siguiendo la comparativa, serían todos y cada uno de los platillos que degustaremos.

Finalmente podemos comparar el mesoproceso con el «mientras tanto». Dicho de otro modo, serían los subprocesos que pasan entre meta y meta. Atención, porque pueden ser controlables o no. Por ejemplo, puede que estés en un microproceso de reconciliación con tu pareja (procura que no sea en el restaurante donde otros discuten) y de pronto, ¡oh cielos!, tu supuesta media naranja ve en la mesa de al lado al Adonis/Afrodita que fue su novio/a en la universidad… No es controlable. O puede que tú en pleno desarrollo del mismo microproceso, te lo piensas de nuevo y decides que no merece organizar todavía esa cena y es más interesante que antes la invites a pasear. Profundizaremos oportunamente en todos estos campos, pero antes, regresemos al buffet libre.

Tengo un amigo (varios) que dicen que es mejor pagarme un traje que invitarme a comer. No lo voy a negar, aunque tampoco uso trajes. La gastronomía y yo somos íntimos. Además de cocinar, me encanta comer. Tal vez por eso, algunos de mis amigos (voy a prejuzgar y eso en Coaching no se hace), sabiendo que en mi interior mora una aspiradora insaciable de viandas, optan por reunirse conmigo en restaurantes tipo Rodizzio. Esos sacrosantos templos culinarios de estilo brasileño, donde las diferentes carnes ensartadas en bellas espadas se suceden una a otra en una sinfonía de aroma, textura y sabor... Con solo escribirlo me estoy poniendo nervioso.

Mi técnica, por supuesto depurada, medida y calculada que ya hacía antes de ser Coach, siempre es la misma: disfrutar de la comida (macroproceso). Antes de dar opción a las carnes del Rodizzio oteo el horizonte cual ave de presa. Recorro visualmente las bandejas, platos y estantes de los entrantes. Verifico con detalle la oferta de productos y establezco mentalmente un orden de prioridades. No puedo negarlo, soy un auténtico profesional en la caza y captura de las viandas. Los que no me conocen, quizá guiados por un falso prejuicio al ver mi físico, piensan que lo mío será muy rentable. Imagino a los dueños del local diciéndose «por fin alguien delgado en mi buffet libre, ¡genial!». No saben lo que les espera. Desconocen que bajo mi aspecto estilizado yace un devorador insaciable.

Mi estrategia y procedimiento suelen ser siempre los mismos: comer varias veces y en platos pequeños en los que deposito porciones de lo que más me apetece (microproceso). Soy consciente que nunca podré comer todo lo que me van a servir, por tanto, priorizo. Entiendo que el marasmo visual y olfativo que rodea ese entorno es tentador y a la vez, inabarcable. Por eso, antes de que mi estómago y mis papilas olfativas y gustativas entren en pánico al no recibir el preciado alimento (mesoproceso), establezco un perímetro visual. Cuando ya he tomado conciencia de lo que me aguarda, selecciono minuciosamente por dónde comenzar. Y sí, ahí estoy aplicando una herramienta esencial de Coaching que te ayudará en casi todos los aspectos de tu vida. Estoy fragmentando.

A veces, las personas que me acompañan se sorprenden de mi eficiencia. Hay quien me dice: «no sé cómo lo haces, yo me despisto con tanta variedad» (mesoproceso). Otros aseguran sentirse abrumados y no saber qué elegir, tanto es así que no es que sirvan sus platos, sino que edifican mini volcanes gastronómicos en ellos. Apilan la comida en formato montañita y al final, lo que les ocurre, es que la presión de ver todo aquello les impide comer tranquilamente.

Mi objetivo no es compartir una técnica de alta efectividad para cuando vayas a un restaurante tipo buffet libre. Mi meta es utilizar la metáfora antes descrita con la manera en que muchas veces nos enfrentamos a las decisiones, problemas o acontecimientos.

En lugar de establecer una visión global y tomar conciencia de lo que tenemos ante nosotros, nos perdemos. Obviamos el reto y nos quedamos en su magnitud. Y en vez de determinar cómo y de qué manera podemos fraccionar el todo en partes para resolver la situación, lo que hacemos es querer solventarla de inmediato y de una sola vez.

Como decía un buen amigo: «no puedes comerte un dinosaurio de un solo bocado, hay que hacerlo trocitos». Para los que sois vegetarianos o veganos, sería el equivalente a «no te puedes comer todo el brócoli de una vez, tendrás que hacer porciones».

El cerebro necesita los fragmentos que componen el «todo» para poderse manejar desde un prisma de tranquilidad, no de estrés.

 «Abordar una situación, deseada u objetivo, de golpe, suele ser imposible.»

Hay demasiados elementos, por no hablar de los que no son controlables y que también metemos en el mismo saco. Así pues, fragmentemos aplicando el «Coaching a Cachitos». Que no existe, pero le da misterio a la cosa.

Trabajando las porciones

Acostúmbrate a fragmentar. Determina qué es lo global para ir poco a poco a lo esencial y establece patrones determinantes. Fragmenta los temas de una conversación, de una reunión o proyecto. Sí, ya sé que puede que te parezca que todo es importante. Puede incluso que según tu percepción, pienses que todo es esencial. Perfecto, supongamos que es así. Con la herramienta «Ensalada de Caos» podrás trabajar eso, pero antes, aprende a precisar.

Antes te hablaba de los tres tipos de procesos. En Coaching decimos que tenemos una Macro Meta, que sería el gran objetivo. Algo así como «la totalidad de lo que espero lograr». Pero para llegar a ella debemos cumplir con las llamadas Micro Metas (microprocesos). Estas son grupos de acciones de varios tamaños y proporciones, en el sentido del tiempo y esfuerzo que les vamos a dedicar. La suma y realización de esas Micro Metas es lo que nos llevará a nuestro objetivo final. Te propongo un ejemplo:

Supongamos la nada agradable situación: te encuentras con alguien que pierde el empleo (o te pasa a ti). Además del shock por lo ocurrido, puede que te diga: «Vivo en un caos. Me acaban de despedir. Estoy muy preocupado/a, porque además de quedarme sin trabajo, estoy en una situación complicada con mi pareja. Y encima, tengo que pagar el segundo plazo de la reforma de la cocina y las cuotas de la hipoteca. ¡Justo ahora que hace un mes que he apuntado al niño a ballet!»

Esta persona no puede resolverlo todo a la vez. Además, la carga emocional de la situación hace que ese «todo» se le mezcle en la cabeza. Fragmentar implicará poder ayudarle a determinar por dónde puede comenzar.

A priori, estos son los temas:

▶ Pérdida de empleo.

▶ Relación con su pareja (ha dicho situación complicada pero no sabemos cuál es).

▶ Economía doméstica (hipotecas, reforma de la cocina, actividades de su hijo).

Y los posibles subtemas serían:

- ► ¿Qué es lo más relevante de lo anterior?
- ► ¿Por dónde debe comenzar?
- ► ¿Qué es lo que está en su mano hacer (controlar)?

En lo tocante al empleo puede focalizarse en:

- ► Trámites: documentación de la empresa, gestión de subsidios o ayudas si procede.
- ► Crear estrategia para buscar empleo: hablar con sus contactos, preparar currículos, generar búsqueda efectiva de empleos, acudir a entrevistas.

En lo tocante a la economía:

- ► Verificar cuál es la realidad de su economía actual.
- ► Verificar sus pagos hipotecarios para decidir si debe o no hablar con su banco.
- ► Verificar el pago del plazo de la reforma de la cocina y decidir renegociar con su proveedor.
- ► Determinar qué hacer con la actividad extraescolar de su hijo.

En lo relativo a su pareja
(pese a que no tenemos datos concretos)

- ► Verificar qué es una «situación complicada». Qué está pasando.
- ► Qué de todo lo que está sucediendo depende de él o ella.
- ► Qué puede hacer para resolver su situación.

Y además de todo lo anterior, puede que también deba abordar temas emocionales con su hijo, o tenga otros frentes abiertos que no ha tenido tiempo de comentarnos en su encuentro. Sea como fuere, por encima de todo, esta persona debe tener claro que hay una prioridad: él o ella. Y no es un tema de egoísmo, sino de sentido práctico. Debe estar bien, calmarse, asumir la realidad de lo que está ocurriendo y después pasar a la acción. Focalizarse qué controla y qué no. Solo podrá activar acciones efectivas si fragmenta los temas que en este momento suponen un «caos» en su vida.

Si tú en esa conversación y con la mejor de las intenciones le «permites» que mezcle todos los temas haciéndole preguntas sueltas sobre uno y otro sin cerrar ninguno de ellos, difícilmente podrás ayudar. Es decir, tú también debes conversar fragmentando.

Preguntas del Chef

Con el fin de ayudarte, algunas preguntas para cuando veas aparecer en tu horizonte vital un metafórico gran dinosaurio que te tienes que comer...

- ☐ ¿Qué ves ante ti que sí depende de ti?
- ☐ ¿Estás viendo la totalidad o hay más por descubrir?
- ☐ ¿Qué puedes hacer para tener el máximo de datos?
- ☐ ¿Cómo enfocas tus retos, desde el todo o desde la parte?
- ☐ ¿Cómo puedes segmentar lo que te ocurre en varias partes?
- ☐ ¿Cuáles son los temas más relevantes?
- ☐ De esos temas, ¿cuáles dependen solo de ti y cuáles de otros?
- ☐ ¿Qué plan de acción establecerás con unos y con otros?
- ☐ ¿Qué puedes hacer para reducir tus niveles de estrés?
- ☐ ¿Alguien te puede ayudar? ¿Quién y cómo lo puede hacer?
- ☐ ¿Cómo vas a fragmentar la situación?
- ☐ ¿Cómo organizarás tus estrategias de acción?
- ☐ ¿Cuándo tienes que tener todo eso resuelto?

¡Cuidado con la almohada asesina!

Disgrega, pero no te disgregues más de la cuenta. La parálisis por análisis no suele ser la mejor opción. Fragmentar sí, pero cuidado, nadie dijo que no hubiera riesgos. No te vaya a pasar como a esas personas que tienen que «hacer» tantas cosas para poder «hacer algo», que al final ven pasar los días y los acontecimientos y no hacen nada. Imagina un mapa mental o un organigrama o un árbol. Si a la hora de fragmentar estableces demasiadas ramificaciones, te puedes perder.

 «La clave del Coaching es pasar a la acción.»

Sin acción no hay ni Coaching ni situación de cambio. No quiero decir que no reflexiones, solo pretendo advertirse del peligro de caer en lo que yo llamo la Almohada Asesina, verdadera asesina en serie psicópata de nuestras emociones, deseos y acciones.

Consultar con la almohada (siestas al margen) es algo que debería formar parte de nuestro día a día. Pero la consulta con la almohada puede resultar peligrosa si no tomas las medidas oportunas. La clave para no terminar en la «Morgue de la Inacción» es sencilla, bastará con que te preguntes: «¿La puesta en marcha de esta acción o la toma de la decisión me está llevando más tiempo de lo conveniente?». Y fíjate que digo «conveniente» y no «normal». ¿Cuál es el motivo? La «normalidad» no existe. Existe la conveniencia o si prefieres lo que es adecuado, lo que más te conviene a ti y solo a ti, que eres quien vive la situación.

Mi normalidad puede ser la lentitud en la toma de decisiones, pero ¿la situación que estoy viviendo me permite esa normalidad o es conveniente acelerar procesos? Y te cuento esto porque tu cerebro, según sea el caso, te va a decir: «tranquilo, que nosotros siempre actuamos sin prisa, pero sin pausa». Y puede que tenga razón, pero ¿conviene hacerlo así ahora o hay que acelerar, querido cerebro?

Elige cuál es tu almohada

Para que puedas obtener el mejor resultado, te ofrezco tres tipos de almohadas. Tú verás en cuál estás. Según sea nuestro interés, ganas, competencias o incluso recompensa o preocupación sobre lo que nos ocupa, así acabarán nuestras ideas.

1. **Almohada Efectiva:** Es la clásica, la que usamos cuando «consultamos» con la almohada para darnos un tiempo. Esta almohada nos permite detenernos, descansar, efectuar una reflexión y pasar a la acción. La que sea, pero una acción.

2. **Almohada Dormilona:** Sirve para lo mismo que la anterior, pero en lapsos más largos de tiempo. Nos lleva de una idea a otra. Va abriendo fragmentos o ramas. Ofrece alternativas y ralentiza el proceso e incluso a veces crea confusión. Pero finalmente, pasamos a la acción.

3. **Almohada asesina:** Es una versión mucho más larga de la anterior. Nos hace seguir viendo el gran dinosaurio metafórico de una forma y de otra. Con nuevas texturas, tamaños, formas y colores. Nos lleva a pensar y repensar, entrando en bucle. Y con cada lapso, la confusión, la tensión y la carga emocional se suelen hacer mayores. Empezamos a perder el foco. Nos aventuramos en situaciones no controlables. No queremos pasar a la acción hasta saber que estamos seguros. ¿Cuál es el peligro? Que la vida sigue. Que los acontecimientos no se van a detener por ti y que debes pasar a la acción. Por eso, si permaneces mucho con tu cabeza sobre esa almohada, el tiempo se te echará encima. Y tu fragmentación será microscópica. Tendrás tanto por hacer, que no sabrás ni cómo ni por dónde comenzar.

Desde luego las almohadas no solo están presentes cuando fragmentamos. Puedes utilizarlas cuando tomes una decisión y cuando estés creando una idea. También cuando diseñes los microprocesos de un objetivo. Sin embargo, pregúntate siempre: ¿con qué tiempo cuento? ¿Estoy tardando o me estoy disgregando más de lo conveniente?

Pon orden al caos

Disfrútalo tú a él no él a ti. Podrás hacerlo con la herramienta que verás seguidamente. Pero no olvides que la fragmentación en las decisiones, las opciones y las acciones, puede ser un arma de doble filo. Secciona el todo en partes. Determina cuáles son las tuyas, las que dependen solo de ti. Prioriza y después pasa a la acción.

 «Si te acostumbras a fragmentar en tu día a día, te aseguro que vas a vivir mucho mejor.»

Aplica las porciones de tiempos a emplear para una cosa y para otra. Y no te salgas de ahí. Así evitarás decir «perdí la mañana» o «se me escapó el tiempo».

Usa los pedacitos en acciones y decisiones. Así sabrás siempre paso a paso qué es lo que estás haciendo, qué terminaste y qué falta por alcanzar. Eso te ayudará a configurar y crear tus micrometas. Pero también te animará porque estás viendo los avances y eso te reforzará la autoestima.

Recurre a los fragmentos de las partes en una conversación o en una reunión. Sencillamente, eso te permitirá tener un guion sobre el que transcurrir en la charla y evitar que haya temas que se queden fuera o que no haya tiempo para ellos.

Y por supuesto, o no, fragmenta cuando vayas a un Rodizzio. Tu estómago te lo agradecerá.

UTENSLIOS

FRAGMENTÓMETRO

A cachitos, ya sabes. Utiliza esta herramienta para fragmentar planes de acción, conversaciones, proyectos, etc. Aunque la herramienta está diseñada para determinar las tres metas esenciales y primeras que debes ejecutar, puedes añadir más si lo deseas, pero no tantas como para que te disperses.

¿CUÁL ES MI META EN MACRO?

ACCIONES PARA LA PRIMERA MICROMETA

¿Qué haré?

¿Cómo lo haré?

¿Cuándo lo haré?

¿Con quién o con qué lo haré?

ACCIONES PARA LA SEGUNDA MICROMETA

¿Qué haré?

¿Cómo lo haré?

¿Cuándo lo haré?

¿Con quién o con qué lo haré?

ACCIONES PARA LA TERCERA MICROMETA

¿Qué haré?

¿Cómo lo haré?

¿Cuándo lo haré?

¿Con quién o con qué lo haré?

NO INVENTES, CLARIFICA Y CALIBRA

«La verdadera sabiduría es reconocer la propia ignorancia.»
Sócrates

Sopitas de Coaching para no
presuponer lo que nos dicen.

¿Cuántas veces te ha pasado que las palabras mucho, poco, bastante, cerca o lejos no significaban lo que pensabas? Es lo que suele ocurrir cuando estás pendiente del avance de la reforma de tu casa, por un ejemplo. Llamas al jefe de obra para saber qué tal van las cosas y su lacónico «bien, estamos avanzando», te hace imaginar una realidad. Después, llegas a la vivienda y no sabes si estás viendo el Apocalipsis o los restos del desastre de Chernóbil. Vuelves a preguntar y con cara de circunstancias el mismo señor te dice «no es lo que parece, estamos muy avanzados, de verdad». Tú no das crédito. Apartas tus pensamientos asesinos y te preguntas qué significa avanzar para él.

Para eso se inventó la calibración en Coaching, para limitar y poder saber de qué estamos hablando sin entrar en suposiciones. Sí, es cierto, no es un valor absoluto regido por un ente internacional, pero ayuda.

Creo que en cierta forma habrás tenido la ocasión de vivir experiencias tan gratas como las anteriores, cuando un «muy pronto» significa «no lo sé» y cuando un «ya casi, casi», es poco menos que dentro de tres reencarnaciones.

Antes de que te veas pertrechado con cinta métrica, regla, cartabón y compás, no sufras, no vamos a calibrar en ese sentido. Vamos a utilizar la metáfora matemática para determinar aspectos que sean importantes y dejar la ambigüedad a un lado. Pero antes, clarificaremos.

¿Qué es para ti...?

No es cierto que dos personas conversando en el mismo idioma estén necesariamente hablando el mismo idioma. El significado que tiene para mí una palabra puede ser distinto de lo que supone para ti. Un «atasco» en España recibe nombres tan distintos como «tranque» en Panamá o «presa» en Costa Rica. Y el no menos sugerente para las mentes calenturientas españolas de «trancón» en Colombia.

Imagínate que te digo que estoy cansado o feliz o triste o que hoy es un buen día.

¿Dirías que sabes exactamente cómo estoy? Está claro que has comprendido las palabras que te estaba diciendo. Sabes lo que significan para ti desde tu mapa de realidad, pero no exactamente qué significan para mí o qué valor les doy en este momento.

 «Uno de los grandes errores cuando mantenemos una conversación o cuando nos dan una instrucción es asumir que la entendemos.»

Pensamos que estamos comprendiendo perfectamente lo que la otra persona nos cuenta, e incluso que aquello que decimos también se está comprendiendo a la perfección. No siempre es así. ¿Qué hacemos? Poco o nada.

En muchos lugares el proceso educativo no contempla la pregunta. No se acostumbra ni se dan instrucciones de validar el mensaje para verificar que se ha entendido bien. Tampoco se alienta a pedir más información o detalles complementarios. Así es como vemos el «¿entendiste?» Y la respuesta, a veces desde la altivez, es «¡claro que sí!» Pero no, no lo entendió.

Es curioso como en muchas organizaciones, además de poder escuchar aquello de «no te pago para pensar», esté implícito el «ni tampoco para preguntar». Lo he visto en decenas de empresas realizando procesos de Coaching. Y cuando a los equipos humanos les hablas de la relevancia de la validación, la pregunta de clarificación o la calibración, entrecierran los ojos. ¿El motivo? En sus organizaciones existe la creencia de que preguntar es de tontos.

En efecto, muchas veces preferimos no preguntar (no vayan a pensar que no nos enteramos de lo que nos dicen) y entramos en modo presuponer. Y ahí vienen los problemas laborales e incluso diría que afectivos y sociales. Si presupongo, interpreto. Si interpreto, filtro. Si filtro, descontextualizado. Y si hago todo eso, he oído pero no he comprendido el mensaje.

Si alguien nos dice que es una situación confusa, que no lo tiene claro o que no se siente del todo bien, antes de decirle qué tiene que hacer o de consolarle diciéndole «tranquilo, todo pasa», debemos saber de qué está hablando. Pero no, no lo hacemos. Lo fácil para el cerebro viendo que el otro se encuentra desesperado o triste o ansioso es interpretar lo que está pasando desde nuestros parámetros. En realidad lo que deberíamos hacer sería preguntar.

¿Y cuál es la pregunta que abre ese horizonte? No puede ser más sencilla. Tenemos alguna variante, pero la esencial sería: «¿a qué te refieres con...?». Y luego tenemos otra muy efectiva: «¿qué es para ti...?»

Algunos ejemplos serían:

▶ ¿Qué es para ti / a qué te refieres con desilusión?

▶ ¿Qué es para ti estar bien?

▶ ¿Qué es para ti dispersión?

A estas alturas puede que pienses que esto del Coaching nos está volviendo locos y que preguntamos por preguntar. Al contrario, preguntamos para clarificar, para entender, para ponernos en el lugar del otro. Insisto, tu «bien» no es mi «bien». Tu cansancio no es el mío y desde luego tu forma de interpretar y vivir la confusión tampoco. Al preguntar, forjamos una línea relacional mucho más intensa. Tú sabes y comprendes y la otra parte se siente escuchada. Entonces, todo fluye y al fluir se armoniza la relación, se establecen patrones de confianza, se fortalecen los equipos y las organizaciones. A veces es más importante invertir unos segundos o minutos en saber qué es exactamente lo que le pasa a la otra persona o qué es lo que te quiere comentar, que dar por supuesto que ya lo sabemos.

Medir lo que parece evidente

Perfecto, ya hemos clarificado. Vayamos al segundo nivel y centrémonos en «calibrar», algo parecido a establecer una medición.

Cuando estemos seguros de saber qué significa para la otra persona estar bien, mal, cansado, confuso, disperso, etc., será el momento de intentar entender cuál es el grado de influencia, intensidad o nivel que tiene esa emoción.

Por supuesto esta técnica de calibración la vamos a utilizar en momentos específicos, cuando sea concreto y necesario hacerlo, no siempre. Se trata de crear una escala de valores por ejemplo de cero a diez, donde cero es nada y diez sería lo más alto. Siguiendo este baremo, si alguien te dice «bien» siempre le puedes preguntar: «¿y de 0 a 10, dónde situarías tu "bien"?». Por supuesto, no andaremos todo el día estableciendo calificaciones. No me imagino pedirle a la pareja tras hacer el amor que nos calibre cuán bien está de 0 a 10. Pero habrá ocasiones en que esta calibración clarificará mucho aspectos como «qué interesante» o un «suena bien» o «o veo viable».

El método porcentual

Imagina que le preguntas a tu compañero de trabajo o, regresando al ejemplo del inicio, al jefe de la obra de reforma de tu casa, «cómo van las cosas». Si es inteligente, la mayoría de las veces te hablará de manera ambigua: «vamos bien», «hemos tenido un pequeño retraso», »la cosa se complicó», «ya falta menos»... ¡No te está diciendo nada! Pídele que sea específico con el porcentual, así: «si acabar la obra y poder regresar yo a mi casa fuera el 100%, ¿qué porcentaje falta?» ¡Lo pillaste!

La metodología porcentual se suele utilizar bastante en el ámbito de la organización de la empresa y tiene que ver con dividir las acciones, logros o avances en porcentajes. Pero te servirá a ti para a focalizar tus avances hacia un objetivo, hacia tu meta. Así, si alcanzar tu objetivo equivale al 100% (recuerda, macroproceso), ¿cuánto has hecho ya? ¿Cuánto te falta? Y esto mismo lo podrás aplicar en tus micrometas. ¿Recuerdas la almohada asesina? Antes de caer en el pánico de »¡cuánto me falta por hacer, no avanzo!», destina unos minutos a tu porcentual.

Umm... Acabo de tomar conciencia de que no debería haber explicado esta herramienta. Ahora, cuando mi editor en el futuro me pregunte «¿cómo llevas el libro?», no podré responderle «estoy en ello, avanzando». ¿Quién dijo que el Coaching no comportaba riesgos?

EL ARTE DE LA ESPECIFICACIÓN

*«Hablar oscuramente lo sabe hacer cualquiera,
con claridad lo hacen muy pocos.»*

Galileo

¿Tienes hijos o sobrinos que hagan la carta a los Reyes Magos o a Santa Claus? ¡Maravilloso, ya tienes medio camino recorrido! ¿Te has fijado en la manera que tienen los pequeños (y no tan pequeños) de pedir sus juguetes por Navidad? Si le preguntas a un adulto qué quiere de regalo puede que te diga: «algo útil», «algo para la cocina», «algo para el coche», «tengo de todo, pero sorpréndeme con algo que me guste», etc. O en un derroche de concreción: «un nuevo teléfono móvil». Sí, eso es mucho más, pero no te dice ni la marca, ni el modelo.

Tú te quedas allá con cara de circunstancia. Esbozas una sonrisa cortés y piensas dónde comprar una bola mágica que te clarifique de qué te está hablando. ¿Qué es concretamente lo que quiere? No tienes ni idea. En cambio con un niño no. Con ellos es mucho más fácil. Son capaces de decirte exactamente qué juguete quiere y cuál es el modelo en caso que haya varios. Te dicen con qué otro juguete se puede complementar y, si te descuidas, te dan hasta la referencia o ¡te pasan el link de Amazon! ¿Saben mejor que los mayores qué es lo que quieren o no tienen tanto pudor a la hora de expresarlo? Quizá todo sea más fácil: son mucho, muchísimo más concretos.

No te voy a pedir que entrenes haciendo una carta a los Reyes Magos o a Santa Claus. Tranquilo, en Coaching somos raritos, pero no tanto. Pero sí te voy a pedir o al menos a invitar a que concretes y especifiques lo más que puedas en tu vida. Y es que a veces, además de hablar con parábolas, supuestos e inconcreciones, lo hacemos de forma tan ambigua que nos perdemos en las formas y no concretamos lo importante. Y todavía peor: logramos que no nos entiendan.

 «No estamos acostumbrados a especificar.»

La especificación es el cuarto ingrediente esencial para trabajar objetivos. ¿Recuerdas cuando hablamos de los tres tipos de procesos? A ver: macro, micro y meso. ¿De acuerdo? Bien. Pedimos, soñamos y deseamos en macro. En cambio los niños tienen la habilidad de reconvertir el macro en un conjunto de micros: con detalle. Una idea macro es ambigua, global y sirve de poco. Por eso cuando más capaces seamos de concretarla, mejor nos irá. Es cierto que a veces no sabemos exactamente qué es lo que queremos y solo cuando comenzamos a hablar de ello o a establecer planes de acción, empezamos a ver la luz al final del túnel. Es a partir de ese momento cuando nuestra energía, pensamiento y focalización hacia lo controlable (recuerda), comienza a tener forma y resultados.

Imagina que la vida fuera una película compuesta por miles de fotogramas. Nuestro cerebro los junta de igual manera que los ingredientes de una ensalada (La llamaremos Ensalada de Caos). Lo malo es que no es cocinero. Es la conciencia, tu conciencia, la que se ocupará de seleccionar y descartar ingredientes para presentarte un buen plato. El cerebro lo toma todo por igual. Todo es importante y relevante, pero está desorganizado. Cuando ocurre eso, el cerebro, que recordemos no está diseñado para no tener respuestas, se bloquea y nos hace hablar en términos genéricos.

Volvamos por un momento a esa ensalada caótica. Al principio era precisamente eso, una amalgama de muchas cosas con un objetivo: vista panorámica. Pero de la misma forma que hemos seleccionado los ingredientes más óptimos y con mejor combinación para nuestros objetivos, así deberían ser nuestras especificaciones. Claras, concisas, acotadas y determinantes.

Evita los brindis al sol

Querer la paz en el mundo, que termine el hambre o que toda la población tenga una buena vida, es muy loable. No te engañes, no sirve de nada. No tiene concreción. Tenemos la insana costumbre de hablar y hasta proyectar en genéricos. Y si de algo te va a servir la metodología de Coaching, es para que te acostumbres a concretar y ser específico.

 «El genérico es ese comodín de la baraja verbal que nos permite expresar de todo sin decir casi nada.»

Es la idea vacía, el objetivo ambiguo y el proyecto indeterminado. Decir que «necesito herramientas», «quiero un cambio», «quiero estar mejor» o «quiero un buen trabajo» es gastar energía y nada más. Incluso gasta además la paciencia de escucha de los otros, que no saben qué es lo que estás queriendo decir realmente.

Aspectos como los anteriores, genéricos, los veo a diario en los cursos y procesos de Coaching. Es habitual que tras lanzar la pregunta «¿para qué quieres ser Coach?», aparezcan respuestas del tipo «para llevarme herramientas», «para tener un cambio», «para mejorar», «para crecer»... Por supuesto, no nos engañemos, también hay quien dice «para ganar más dinero».

Genial, ¿verdad? Parece que todos tienen objetivos y quieren lograr algo. Sí pero no. Son intenciones y deseos que no nos están diciendo nada. Es como pedir que no haya más guerras y que todo el mundo sea feliz. Pero pisar las flores es una cosa y fumártelas otra bien distinta. Todos los deseos que lanzas al cabo de tu vida que no son concretos, determinantes, claros y con un objetivo claro, no son más que palabras que se lleva el viento o «brindis al sol».

No, no le quiero quitar ni romanticismo ni ilusión ni metáfora a tu deseo de hacer cambios, simplemente te invito a que seas más concreto. Y esto nos lleva de lleno a entrar en el objetivo. Pero no adelantemos acontecimientos. Volvamos a ser específicos.

Me paso la vida formando a futuros Coaches en sus distintas especialidades. Y en el primer curso de nuestra escuela, cuando comienzan a hacer sus pinitos en los procesos de conversación, siempre les insistimos en lo mismo: el cierre de la sesión. Para no marearte entrando en detalles, el cierre se sustenta en una pregunta: ¿qué te llevas de la sesión de hoy? Al principio dejamos que nuestros pupilos digan que se llevan «herramientas», «claridad», «conocimientos», «curiosidad» o «expectativa». Pero después les confrontamos con esta pregunta: Si tu cliente (nosotros les llamamos Coachees) dijera eso mismo, ¿te quedaría claro qué se lleva de verdad? La respuesta es no. Y ya no se trata de entrar en qué son herramientas para ti o cuál es el nivel de 0 a 10 de claridad que te llevas. Falta especificación y sobran brindis al sol.

Preguntas del Chef

Orientando tus peticiones

Cuando tengas un objetivo o meta, concrétala respondiéndote a preguntas genéricas como estas:

- ¿Qué es exactamente lo que quieres?
- ¿Qué dos o tres palabras puedes usar para determinar tu objetivo?
- ¿Para qué lo quieres concretamente?
- ¿Está a tu alcance ese objetivo?
- ¿Depende de ti lograrlo o deberás contar con otros?
- Concretamente, ¿cuándo quieres lograr tu objetivo?
- ¿A qué distancia en porcentaje estás de alcanzarlo?
- Específicamente en una o dos frases, ¿qué es lo que tienes que hacer para llegar a tu objetivo?
- ¿Cuándo comenzarás? ¿En qué fecha?
- ¿Cómo específicamente sabrás que has llegado?

Imagina ahora que planteas un cambio de trabajo. Decir que lo quieres lograr no basta. Deberás responderte a preguntas más concretas y específicas como estas otras:

- ¿Para qué concretamente quiero cambiar de trabajo?
- ¿De dónde sale la decisión? ¿Es mía o de otros?
- ¿Qué mueve la decisión? ¿Qué la justifica?

Preguntas del Chef

- ☐ ¿Cuándo quiero hacer ese cambio?
- ☐ ¿Qué tipo de trabajo quiero hacer?
- ☐ ¿Quiero trabajar para mí o para otros?
- ☐ ¿Quiero trabajar en mi sector o en otro distinto?
- ☐ ¿Tengo las competencias para hacerlo?
- ☐ ¿Cuáles me faltan y dónde y cómo las puedo obtener?
- ☐ ¿Qué tipo de actividad me gustaría desempeñar en el nuevo trabajo?
- ☐ ¿Cuál es el cargo que deseo ocupar?
- ☐ ¿Quiero trabajar desde casa?
- ☐ ¿Dónde debe estar mi lugar de trabajo?
- ☐ ¿Qué horario es el que más me conviene?
- ☐ ¿Cuántas horas estoy dispuesto a invertir en ir y regresar de mi empleo si es externo?
- ☐ ¿Qué retorno económico y emocional espero del nuevo empleo?

Por cierto, con un poco de creatividad, sustituye la palabra trabajo y las que estén vinculadas con ese tema, por la situación que estás buscando y verás que casi las mismas preguntas serán muy útiles para concretar.

Aterrizando la claridad, sin tener que usar un avión

Especificar es sencillo, solo hay que preguntar si la persona que te habla no acaba de clarificar bien lo que quiere. Por ejemplo, si te dice que se lleva «herramientas», perfecto, tu pregunta debería ser: ¿cuáles exactamente? ¿Me las puedes enumerar? ¿Para qué te van a servir? ¿Cómo las vas a usar? En el caso que tras una reunión o una charla hagas la misma pregunta y la persona te diga «me llevo claridad», además de sentirte satisfecho y tan a gusto (has triunfado en tu reunión y hay que celebrarlo) ve más allá: ¿Claridad sobre qué concretamente? Y esa claridad, ¿para qué te/nos va a servir en esto que hemos hablado?

Es curioso, porque uno de los grandes deseos que sustentan los objetivos es sobre el cambio. Sí, queremos cambiar de trabajo, de situación personal y hasta de la forma que tenemos de relacionaros con los demás. Sabes (y nuestro cerebro sabe) que buscamos «algo», y ahí echamos el ancla. A veces esa ancla viene acompañada de frases del tipo «No puedo seguir así, voy a cambiar la forma de actuar» o la no menos curiosa de «Esto no puede ser. Debo ajustar mejor mis tiempos. Voy a hacer algo» ¿Algo? ¿Cómo qué? ¿Qué es específicamente lo que vas a hacer? ¿Cómo? ¿Cuándo? ¿Con qué o quién?

Es evidente que preguntas como las anteriores no las vamos a estar formulando continuamente para todas y cada una de las cosas de nuestra vida, pero si lo hiciéramos en aquellas cuestiones que sean esenciales, nos ahorraríamos muchos dolores de cabeza.

Cuando especificamos hacia nosotros y hacia los demás qué queremos, para qué lo queremos, cómo lo queremos y cuándo y dónde lo queremos, estamos eliminando de un plumazo el pensamiento disonante y la dispersión. Estamos centrando la atención, la energía e incluso la ilusión en el lo importante. Nuestro cerebro reduce sus puntos de fuga y el éxito del logro está más cerca.

UTENSLIOS

HERRAMIENTAS NIA

Con este sistema podrás comunicar y clarificar tus proyectos u objetivos de forma exacta y sin perderte. Servirá para que no dejes cosas en el tintero o evitar que temas relevantes de una reunión terminen pasando por alto.

Necesario: Se refiere al contexto, a situar una acción. En este bloque debes incorporar lo que es básico para que la otra persona te entienda. Es decir: el qué, el cómo, el cuándo o el dónde, pero sin entrar en más detalles.

Imprescindible: Es titular esencial el objeto o clave de la conversación o acción a emprender. Es el tema del que queremos hablar. Es lo que necesitamos hacer o dejar claro en una charla.

Accesorio: Son todas las florituras, complementos y «decorados verbales» que incorporamos a una charla o a un objetivo a veces para darle vueltas por no saber cómo entrar en materia y en ocasiones porque rodear el tema lo convierte en menos agresivo o conflictivo.

ATENCIÓN: NO SOMOS IGUALES

El NIA no es la naturaleza expresiva de alguien. Es un método de acotación y clarificación, pero hay personas que hablan de lo **accesorio** antes de llegar a lo **imprescindible**, y otras que necesitan de entrada lo **necesario** antes de que se les cuente nada más. Saber ajustar esos patrones nos ayudará a mejorar mucho la comunicación. Ten presente además que en una conversación suele haber dos NIA, el propio y el del otro Interlocutor.

Necesario:

¿Qué es necesario explicar para que haya contexto?

Imprescindible

¿Qué es imprescindible e irrenunciable?

Accesorio:

¿Qué es prescindible? ¿Qué puedo pasar por alto? ¿A qué estoy dispuesto a renunciar?

Y EL SUELO SE ABRIRÁ BAJO TUS PIES... O NO

«Solo hay dos días al año
en los que no se puede hacer nada.
Uno se llama ayer y otro mañana,
por lo tanto hoy es el día ideal.»

Dalai Lama

Sopitas de Coaching para
situaciones de cambio.

De pronto un buen día, te das cuenta de que «algo» ha pasado. Por el motivo que sea has vivido lo que en Coaching llamamos un «clic». Algo o alguien te ha hecho ver o constatar, que hay una realidad distinta a la que tú estabas experimentando. Quieres o necesitas un cambio. Calma: tampoco vayas a pensar que es una iluminación. No hace falta imaginar unos rayos del sol desprendiéndose alrededor de una higuera como le pasó a Buda mientras meditaba. De todas formas, si te ocurre eso, me avisas. Nunca se sabe.

 «En Coaching no hay iluminación.»

No al menos en ese formato tan espiritual. Nuestra particular iluminación, en definitiva, es una toma de conciencia. Es un «darse cuenta». No hay una medida exacta, ni un tiempo determinado, ni un lugar propicio. Puede que pase, puede que no.

El famoso «clic» que nos lleva a tomar conciencia, surge tras ver una película, o una lectura sugerente, incluso pasando las páginas de una novela de ciencia ficción, no hace falta que sea un libro de autoayuda. Podría sucederte sin más, justo cuando alguien pasa a tu lado. Podría aparecer tras una conversación trivial. Incluso puede emerger al pelearte con el estropajo mientras lavas los platos. Insisto: cuando uno menos lo espera.

Hay quien asegura que el «clic» siempre está al acecho, cual mosquito veraniego. La diferencia es que no zumba pero puede generar mucho ruido interno. Es más, puede que no te deje dormir durante unas cuantas noches. A diferencia del insecto, no te chupa la sangre. Ahora bien, si no lo manejas correctamente, puede que sí te quite una parte de tu tiempo y la sensación de seguridad que tenías hasta ese momento. Y sí, muchas personas lo definen como la sensación de que el suelo se abría bajo sus pies…

¿Te estoy diciendo que los «clics» con negativos? No. Como diría el gran maestro Shifu, «No hay ni bueno ni malo. Solo hay». Así es. Que tu «clic» sea positivo o negativo, dependerá de cómo y en qué momento de tu vida se produzca. De cómo vivas tú esa nueva realidad. De hasta qué punto estés dispuesto a usarlo en tu beneficio. De si quieres fluir con él o luchar contra él. Como decía la canción, «todo depende».

Tengo un amigo escritor que dice que las musas existen, pero que para que resulten verdaderamente inspiradoras y efectivas, te tienen que encontrar trabajando o al menos en el momento en que estés frente al teclado. La predisposición es esencial para la inspiración. En cambio, el «clic» pasa sin avisar y, en el peor de los casos, cuando menos conviene...

Hay personas que desean ese «clic». Tal vez porque lo esperan como algo casi místico y maravilloso que va a cambiar sus vidas. Lamento la decepción, pero no por mucho estar buscando «clics» cual algoritmo buscador de internet, vas a encontrarlos antes. Es cierto que si uno trabaja la predisposición y el autoanálisis, además de la observación, puede que sintonice mejor. Pero no hay garantías.

En los cursos de Coaching, y no precisamente en los que he impartido para religiosos de las más variadas creencias, he topado con más de una persona que me ha dicho con total aplomo y seguridad: «Vengo aquí buscado una revelación. Ya estoy preparado». En esos casos, agradezco la aclaración y pongo cara de póquer. Me limito a darles la bienvenida para no entrar en disquisiciones metafísicas que no corresponden en ese momento. Realizo la formación y sinceramente, espero que «algo» de lo que buscan, les sirva como su particular revelación. Como imaginarás, no me quedo con la duda (soy curioso, qué le vamos a hacer) y al finalizar los cursos, tras muchas horas de prácticas, conceptos, reflexiones y sesiones, les pregunto sobre el tema. Siempre he obtenido la misma respuesta: «Revelación no, pero sí he generado muchos ‹clics› que pueden cambiar mi vida en el futuro.»

Volvamos al «clic» espontáneo, ese detonante que no sabemos cuándo se genera y no podemos predecir. La verdad es que no es tan misterioso. En realidad es «algo» que posiblemente se estuvo fraguando en tu interior a partir de vivir cierta realidad o toma de conciencia. Fue un «darte cuenta» pero sin «darte cuenta». Antes de que me digas aquello de *«cada día te quiero más por lo bien que te explicas»*, te clarifico: tu cerebro se dio cuenta, tu conciencia no. Eso que activaste en aquel instante de tu vida sigue ahí. El «clic» temporal es paciente, aguarda tu toma definitiva de conciencia para manifestarse. La toma de conciencia acontece a causa de diferentes pensamientos, sensaciones, emociones o vivencias. Cuando han sido temporales, las hemos visto, quizá experimentado, pero nuestra toma de conciencia (nuestro cerebro más tangible), por lo que sea, no estaba preparado para hilar todo eso.

Tu cabeza: un mega cubo de Rubik

Escribo el titular anterior con el máximo de cariño y respeto. Pero creo que como metáfora es válida. Imagina que tuviéramos un gran rompecabezas dentro del cráneo. Imagina que esas decenas, cientos o miles de piececitas un buen día comienzan a juntarse. Estás empezando a tomar conciencia. Hasta ese momento puede que tuvieras ciertas percepciones de que algo pasaba. Es como cuando haces un puzzle, vas viendo imágenes que reconoces, pero no tienes la totalidad del cuadro.

 «En Coaching, a la toma de conciencia del "clic" le llamamos gap (brecha).»

Particularmente, como que me gusta complicar las cosas, prefiero llamarlo vacío, barranco e incluso abismo. ¿De qué se trata? Cuando llegamos a ese punto decimos que comienza de verdad el proceso que nos lleva al Coaching. ¿El motivo? Nos faltan respuestas o recursos y acudimos a una metodología que nos ayude a encontrarlas. En esa fase es como si hubiera dos puntos: el lugar en el que estoy comparado con el lugar en el que quiero estar. La diferencia entre esos puntos es el *gap*.

Ahora bien, esa brecha ¿es un barranco, es un abismo? ¿O simplemente es un pequeño vacío en el camino que podrás salvar con un saltito? ¿Sabes de qué depende? De cómo vivas tú esa toma de conciencia. Depende de la distancia que tú y solo tú (lo que digan los demás ahora no es relevante) estás viendo entre lo que tienes y lo que te falta. La distancia entre tu situación actual y tu situación deseada. Sencillo, ¿verdad?

Pero no todo son buenas noticias. No siempre sabemos cuál es la distancia a recorrer o saltar, porque a veces desconocemos qué es lo que queremos conseguir ni a dónde queremos llegar. ¿Recuerdas cuando te decía aquello de «lo que no quiero es....»? Ahora ha pasado. Y a eso debes añadirle, aunque no siempre sucede, la influencia sistémica. Dicho de otro modo, todo lo que tus amigos, conocidos o familiares te dirán y aconsejarán cuando les expliques qué te pasa. Pero, como diría Jack el Destripador, vayamos por partes.

Al hablar de estos efectos del «clic» siempre recuerdo el caso de una persona que vivió un mega *gap*. A sus 47 años, una noche, como tantas otras, estaba acostado en la cama preparándose para dormir. Refería el hombre que tenía la costumbre relajarse para inducir el sueño escuchando un canal de noticias en la radio. Decía que «las noticias eran lo menos importante. Las oía porque las voces de los locutores me ayudaban a relajarme. Las voces se convertían en un murmullo y finalmente me dormía». Recordemos, en el momento de su gap tenía 47 años y justo en aquella fecha el Gobierno de España había decidido alargar la edad de jubilación de los 65 a los 67 años.

Al escuchar el titular de noticia radiofónica, nuestro hombre de pronto vivió una toma de conciencia: «Me despejé de golpe. La noticia me conectó con mi futuro. Me di cuenta de que faltarían 20 años para jubilarme. Y justo en ese instante empecé a recordar qué había hecho en mi vida laboral en los últimos veinte años». Según comentó en aquel momento su cerebro le bombardeaba con imágenes de personas, situaciones, éxitos (pocos según él) y esfuerzos y fracasos (bastantes). «Llegó un momento en que dejé de pensar en el pasado y me centré en el futuro. En cómo sería yo veinte años más haciendo lo mismo o siguiendo aquel ritmo y con aquella empresa en la que ya llevaba doce años».

La sensación que tuvo al revisar el pasado fue agotadora. La que experimentó al proyectarse por veinte años más, fue de angustia e incomodidad: «No me veía veinte años más trabajando en ese lugar. Sentía ahogo y cansancio al pensarlo». Nuestro hombre me explicaba que en ese momento movió la cabeza hacia su derecha. Junto a él, durmiendo plácidamente, estaba su esposa. Él se preguntó, «¿me veo 20 años más con ella?». La respuesta fue no. No se veía ni 20, ni 15 ni siquiera 5. Es más, en aquel momento, según expresó, no se imaginaba ni en aquella misma empresa ni con aquella misma pareja ni tampoco en su ciudad por mucho tiempo más. «Por culpa de las noticias, mi vida se tambaleó en cuestión de pocos minutos». Se había producido el *gap*, que en su caso no era brecha sino un abismo. Esa noche no durmió. Las siguientes tampoco.

Recuerdo que cuando terminó su relato, le pregunté: «¿a qué te refieres con que las noticias han tenido la culpa?» Sin embargo era normal que en su cerebro, de forma instintiva, se produjera lo que acontece cuando tenemos esa pérdida de seguridad: negamos la evidencia e incluso nos apañamos con lo que tenemos más a mano.

Ni el presidente, ni el gobierno, ni el locutor, ni la radio eran culpables de nada. No había culpa, solo incertidumbre ante la toma de conciencia. El resultado final es que nuestro hombre, tras noches de insomnio y un par de semanas de mal humor, desazón y confusión, había renunciado a su trabajo, se había separado de su esposa y cambiado de casa. Todavía seguía en la misma ciudad, aunque no tardaría en abandonarla. Y con ese panorama, con ese «gran dinosaurio» metafórico a medio comer, había venido a verme.

Recuerdo la primera vez que hablamos. En su cabeza había un marasmo de objetivos, micrometas, incertidumbres, miedos, dudas y ruido, mucho ruido interior. Al año de aquello era feliz, había cambiado de ciudad, de casa, de trabajo y de pareja. No superó una brecha, transitó por un barranco y evitó el abismo. Vamos, que a él como a tantas personas en 2020 con la pandemia de la Covid-19, le cayó un auténtico «Meteorito Vital» en la cabeza. Y por si a ti te pasa algo similar, de la índole que sea, te sugiero que revises y trabajes la herramienta con ese nombre que encontrarás al final de este capítulo en el apartado de utensilios.

Preguntas del Chef

¿Cuál es tu «clic»?

Más adelante descubriremos cuántos tipos de brechas hay y qué puede comportar cada una de ellas. Pero vayamos antes al origen, a los efectos del «clic» que las genera con unas inocentes preguntitas... Recuerda: no se trata de resolverlas ahora, solo de tomar conciencia y ver cuál es tu punto de partida sobre lo ocurrido.

- ☐ ¿Cómo describirías lo que te ha pasado?
- ☐ ¿Qué o quién lo ha desatado?
- ☐ ¿Cuándo y cómo se ha producido?
- ☐ Si no ha habido intervención externa, ¿qué ha ocurrido en ti?
- ☐ Tras el «clic», ¿de qué te has dado cuenta en primer lugar? ¿Y en segundo?
- ☐ ¿Qué emociones o sensaciones te ha producido el «clic»?
- ☐ ¿Lo sucedido es nuevo o ya te había pasado antes con el mismo tema?
- ☐ ¿Qué hiciste en aquel momento?
- ☐ ¿Qué resultado obtuviste?
- ☐ ¿Qué no hiciste y ahora piensas que sí podrías hacer?
- ☐ En el caso que sea nuevo, ¿qué quieres hacer?

Preguntas del Chef

- ☐ ¿Cómo ves, sientes y oyes tu vida ahora tras el «clic»?
- ☐ Con respecto a lo ocurrido, ¿cuál es tu situación actual? ¿Cuál sería la deseada?
- ☐ ¿Qué es exactamente lo que quieres?
- ☐ ¿Depende de ti lo que quieres?
- ☐ ¿Qué es lo que está absoluta y totalmente bajo tu control?

Cuando hayas respondido a esas preguntas, déjalas enfriar. En función de la profundidad de tu brecha, mañana o dentro de unos días, puede que las veas diferentes y que tengas que realizar algunos ajustes. Cierra tu libreta. Relaja tus neuronas. El camino acaba de comenzar.

¿Qué tipo de brecha hay bajo tus pies?

En situaciones como la del caso descrito, o en las que pese a no tocar tantas áreas, los gap tienen una profunda carga emocional, debemos tener mucha paciencia. La carga emocional es como una pesada piedra cargada en una metafórica mochila que llevamos a todas partes y en todo momento. No se trata de pasar a la acción y ya está. Se trata de ver cuál es el escenario que tenemos por delante. Si no conocemos la realidad del camino, ¿cómo vamos a planificar la forma en que andaremos por él?

Ahora la realidad es que, seísmos metafóricos al margen, el suelo se movió bajo tus pies. Tranquilo, no hay ni esguince ni fractura. Se ha agrietado o roto el suelo ya veremos cuánto, pero tú, aunque no te lo parezca, sigues aquí. Aquí con todos tus recursos y tu fuerza. No, no quiero darte falsas esperanzas ni animarte porque sí. Solo pretendo que tomes conciencia de que hay más en ti de lo que imaginas. No te voy a decir aquello tan manido de «todo está en tu interior». Eso no es Coaching y esto tampoco una galería de fotos de facebook para recrearte la vista y el corazón con imágenes épicas pero vacías de contenido.

Por aquello de animarte, te diré que en lo tocante al *gap* debemos distinguir tres modelos: el malo, el pésimo y el peor. ¡Tranquilo, es broma! Sí hay tres tipos, aunque todos nos refieren a lo mismo: a la distancia que tenemos entre dos puntos, la forma de abordarlos y la carga que tengan. Eso marca sus diferencias.

Gap brecha

Un pequeño paso, un pequeño salto. Un pequeño reto fácil de abordar. Lo que te ha pasado es sencillo de resolver. Puede que ya estés en ello. No tiene mucha carga emocional. Es un «ir haciendo».

Este tipo de *gap* suele aparecer cuando ya estamos de lleno en un proceso y caemos en la cuenta que modificando algo o efectuando una corrección, es más que suficiente para tener mejores resultados. Por supuesto igualmente preguntaremos de dónde partimos y a dónde vamos. La ventaja es que en el *gap* brecha solo debemos tener respuestas a estas preguntas: ¿Qué ha ocurrido? ¿Qué ha cambiado? ¿Qué ha fallado? ¿Qué quiero? ¿Qué puedo hacer para obtenerlo? ¿Cuándo lo haré? ¿Cómo lo haré?

Gap barranco

El nombre ya lo dice, en un barranco hay profundidad, una pendiente y riesgo de desprendimientos o de resbalar. La buena noticia es que en el barranco sí se ve el fondo. Es decir, sabemos dónde está el destino. Lo vemos y podemos hacernos una idea de cómo llegar hasta él. Sería como decir que sí sabemos qué es lo que queremos y cómo lo queremos. El peligro o las dificultades están en el camino elegido.

En este tipo de gap no saltamos metafóricamente y ya está, como en el caso anterior. Aquí debemos descender con cautela y atención. Dicho de otro modo, debemos tener varios pasos, varias «micrometas» ordenadas y establecidas, cuya suma final nos llevará a a la gran meta, al macroproceso.

El barranco requiere de más recursos y herramientas y estos no siempre los tendremos nosotros. Habrá que pedir ayuda, asesoramiento, ideas, etc. Puede que también haya resistencia, tanto interna como externa. La interna se componen de nuestros miedos, dudas o incluso temores generados por la falta de experiencia o por la carga de las malas experiencias similares ya vividas.

La externa sería la de nuestro sistema o entorno. Podemos materializarla en las personas que nos dicen que no hagamos nada, que es un mal viaje, que podemos herirnos en la bajada, etc. Y también en las personas que nos animan (a veces sin mucho criterio) a que probemos el cambio, que nos lancemos, etc.

En este caso (frente a la resistencia) tú decides qué está bajo tu control y qué no. Recuerda: lo que tú piensas lo está, lo que piensan otros no. Pero es importante que para resolver ese gap barranco seas prudente y que avances sin prisa, pero sin pausa. Asegurando cada paso y verificando que en tu descenso no «mueves» piedras que le puedan caer encima a otros o que te hagan resbalar antes de llegar al lugar al que querías llegar. Si vas a mucha velocidad, puede que llegues magullado y hasta malherido. Por tanto, la planificación de este tipo de gap debe ser pausada y relajada. Además resolverlo suele suponer una inversión de tiempo notable.

Gap abismo

A priori, el abismo es una gran brecha, hasta el punto que puede que no veamos el fondo, por tanto no vemos claramente el lugar de destino. Si lo prefieres, puede que no veas la situación deseada porque solo sabes «qué es lo que no quieres», pero desconoces al detalle lo que quieres. ¡Ánimo, que podría ser mucho peor! La Biblia relaciona el Abismo con el infierno, la ciénaga de la desesperación, el pozo de las inmundicias, etc.

«El gap abismo suele estar caracterizado, en primer lugar, por mucha confusión sobre la situación actual.»

Lo reconocerás porque tendrás numerosos frentes abiertos. Todos te parecerán relevantes e incluso los verás conectados unos con otros, hasta el punto que te parecerá una madeja de hilo enredado. Eso puede que te dé la sensación de que hagas lo que hagas, alguien saldrá perjudicado. Con pensamientos como esos puede que determines dejarte llevar, dejarte caer y ver qué pasa. O puede que decidas no hacer nada y te quedes paralizado. Es una opción, pero entonces estás cediendo tu control de la situación. ¿Quieres que sea así? ¿Seguro?

Otra de las características del *gap* abismo suele ser la carencia de recursos para poder determinar por dónde comenzar, cómo, con qué o con quién hacerlo.

En casos como estos no basta con un puñado de preguntas claras y determinantes como en el brecha. Para este caso te sugiero que además de la herramienta del Meteorito Vital, recurras al Fragmentómetro, que te ayudará a priorizar.

«El gran peligro del gap abismo es el emocional.»

Si bien en todos los procesos de *gap* las emociones están presentes, en el barranco generan mucha incidencia, aunque suelen ser manejables. Lamentablemente, en el *gap* abismo a veces nos llevan a alteraciones de la conducta y a dolencias o manifestaciones físicas muy potentes. En casos como estos, el Coaching no puede resolver, en una primera instancia la problemática. ¿Qué hacer? Es necesario estudiar y trabajar la resolución con la compañía de procesos terapéuticos psicológicos o psiquiátricos.

En el *gap* abismo es común que la carga de las emociones haga que la persona padezca somatizaciones físicas como cortes de digestión, calambres, cambios de temperatura, espasmos o tics de difícil control. Eso por no hablar de cambios de conducta, alteraciones del sueño, etc. En esos casos cierra el Coaching y abre la terapia. Ni lo dudes.

Sea como sea, encuentra tu *momentum*

Tu momento es un día, una hora, un tiempo para ti y solo para ti. No, ver una maratón de series en Netflix, fundirte el sueldo haciendo shopping o arrasar hasta la indigestión profunda la chocolatería de la esquina no es tu *momentum*.

Un *momentum* es un tiempo de reconexión contigo. Sin elementos distractores. Un tiempo para dejar pasar el tiempo. Claro que te puedes tomar un café o ver pasar la vida desde la ventana de tu casa o sentarte en la orilla del mar para cerrar los ojos y escuchar el rugido de las olas. Es tu tiempo. Un tiempo para pensar, para dejar que los pensamientos vayan y vengan. Puede que con ellos, vagando libremente, aparezca alguna idea de qué hacer.

 «La fuerza del momentum realizado sin prisa, ni agenda, ni alarmas que vayan a sonar, permite tomar conciencia.»

Son tiempos para «parar» metafóricamente algo tan imparable como la vida. Momentos para estar aquí y ahora. Para pensar y explorar nuevos horizontes. Recuerda, estás en un proceso de *gap*, por tanto busca tu tiempo y esfuérzate en ver y sentir los acontecimientos desde otra perspectiva, la que permite el cambio y la renovación.

Este tiempo, este *momentum* personal e intransferible es real y facti-
ble. Que se produzca depende de uno, no del reloj ni la agenda, sino de
la voluntad. El *momentum* no siempre es programable, por eso cuando
aparece la necesidad de vivirlo, no hay que dejarlo pasar. Tanto da si es
por la mañana al despertar, en el desayuno, a media tarde, al salir del
trabajo, en un bus o caminando por la calle o cocinando o al sentarse en
el sofá (con la tele apagada, claro). Tanto da, el *momentum* está. Solo
tienes que tomarlo y fluir. Es tu tiempo, tu espacio, tu vida. No lo des-
aproveches.

Además, busca tus *momentum* siempre que puedas. Estés viviendo o
no un *gap*. Tómalos con fuerza y alegría, no los dejes para mañana, no
vaya a ocurrir que un día, en el ocaso de tus días, mires hacia atrás y te
des cuenta que en realidad no has vivido, solo has estado.

METEORITO VITAL

Área de Extinción

Algo ya no será como antes, estará extinguido o finalizado. Y en el mejor de los supuestos, paralizado temporalmente. En este caso debemos asumir (cuanto antes mejor) el poder de la pérdida, el dolor que genera y sus inconveniencias.

Área de Erosión

El impacto puede generar heridas físicas y mentales. En el caso de las físicas, habrá las evidentes si se trata de un accidente y luego las denominadas colaterales como el insomnio, los dolores de cabeza, malestar generalizado…) Pero lo relevante son las heridas emocionales, ya que las demás pueden tratarse de otra forma. ¿Cuál es la erosión emocional? Los pensamientos, sensaciones y actitudes que se generan a partir del impacto.

Área de Cambio

Tras el meteorito, la vida ya no es como antes, por eso debes ajustarte a tu nueva realidad, porque tu entorno, tu hábitat es distinto. Descubrir las actitudes y acciones a modificar por tu parte será esencial para reemprender tu vida.

Área de Adaptación

Se trata de comenzar de nuevo, de pasar a la acción con los cambios programados, no de quedarse en «debería, tendría, podría…» Adaptarse es salir de la zona de confort para descubrir una nueva realidad.

Área de Evolución

Se trata de generar un plan de reinvención o reconstrucción. Hay que tener un plan de saber adónde ir, qué ser y cómo estar el día de mañana.

ÁREA DE EXTINCIÓN

¿Qué ha terminado o ha sido extinguido definitivamente?
¿Qué ha dejado de ser, de existir, de tener, de vivir?
¿Qué ha roto o modificado totalmente la nueva situación?
¿Qué aspectos de la vida, rutina o día a día serán distintos ahora?
¿Qué se ha llevado por delante «eso» y cuál es el precio a pagar?

ÁREA DE EROSIÓN

¿Qué ha sido alterado a causa del meteorito?
¿Se ha producido dolor emocional? ¿Cuál es exactamente?
¿Qué situaciones o rutinas siguen pero se han visto alteradas?
¿Qué comportamientos y actitudes se verán modificados?

ÁREA DE CAMBIO

¿Cuales son los cambios más notables de la vida ahora?
¿Qué elementos del entorno deberán empezar a cambiar para afrontar la nueva situación?
¿Qué acciones o comportamientos debo planificar de forma diferente?
¿Qué cosas tengo que cambiar del todo y cuáles debo o puedo adaptar?

ÁREA DE ADAPTACIÓN

¿Cuál es la mejor manera de adaptarme física y mentalmente a la nueva situación?
¿Qué puedo hacer utilizando recursos que ya tengo?
¿Qué adaptaciones debo realizar de forma forzosa?
¿En qué áreas debo empezar a trabajar?
¿Quién me puede ayudar en esta fase de adaptación?
¿Cómo actuaría uno de mis referentes si le ocurriese lo mismo que a mí?
¿Qué es lo que no es necesario adaptar y me resulta útil?

ÁREA DE EVOLUCIÓN

¿Y ahora qué quiero hacer?

¿Cuál será el primer paso que puedo dar para evolucionar?

¿De qué manera me puedo proteger para que el pasado no me siga doliendo?

¿Qué o quién me puede ayudar o es un soporte para crear futuro?

¿Cuál es mi plan de acción?

¿Cuáles son los pasos que voy a dar para lograrlo?

¿Cómo me gustaría sentirme mañana? ¿Y dentro de un seis meses o un año?

EL ARTE DE ENVOLVER

«La creatividad es simplemente el arte de conectar cosas.»

Steve Jobs

Para mí, cuando llegan fechas señaladas, envolver regalos es una tortura. No tengo ni gusto, ni arte, ni maña. No es una creencia limitadora, es una evidencia. Si como yo, eres tan torpe haciendo paquetitos y decoraciones en cajitas o bolsas, bienvenido al club.

Pero no te emociones, no voy a explicarte cómo envolver obsequios para que no parezca que se te cayeron de la bolsa mientras caminabas o que los aplastó un camión. En Coaching envolver es otra cosa. De manera que si el título del capítulo te generó repulsión al pensar en los regalos o ilusión por saber por fin cómo envolverlos decentemente, olvídate. Aquí envolver es sintonizar, conectar, fluir y lograr un cierto nivel de *feeling*.

Una de las palabrejas extrañas que se usan en Coaching es *rapport*. El término procede de la expresión francesa *rapporter,* algo así como «generar algo a cambio». Simplificando, sería «sintonizar» o «conectar». En psicología también se usa, aplicando además el matiz de generar esa sintonización con empatía. Etimologías al margen, es una de las técnicas e ingredientes vitales para alcanzar muy buenos niveles de comunicación con los demás.

Imagina que te invitan a probar la más sabrosa, aromática y deliciosa sopa del mundo (no tendrá tus fideos, pero es una muy rica sopa). Sin embargo, cuando llegas al restaurante ves que su fachada está desgastada. No es que sea *vintage*, sino vieja, sucia y descuidada. Además el restaurante tiene una iluminación pobre y un aspecto que confunde lo añejo con lo momificado. Por si fuera poco, el recinto no huele bien. No te diré que huele a fritanga vieja, pero casi. El ambiente es denso. Recorres con la vista el lugar y lo que ves en la decoración y las paredes no invita a la alegría, sino a la depresión medicalizada. Pero tú sigues allí. Confías en la sopa, la maravillosa sopa. Te das y le das un voto de confianza hasta que pides mesa.

El camarero, que mira por dónde hoy (como cada día) ha tenido un mal día, cuando te indica cuál es tu mesa, lo hace alargando el brazo. Señala como si aquello fuera un abrevadero. Y en lugar de hablarte, parece que te ladre cuando recoge tu comanda. Todavía falta que cuando te sirva la sopa, la rica sopa, en lugar de depositarla con cariño, parecerá que está dando de comer a los cerdos. Ah, lo olvidaba, es la mejor sopa del mundo, pero viene en un tazón desportillado. Es viejo e incluso parece que no muy limpio. ¿Todavía quieres sopa? Si además de todo lo anterior resulta que el comensal que compartirá contigo el almuerzo está de mal humor, ¿cómo crees que te puede sentar la sopa?

Puede que te haya parecido exagerado. Un poco sí, pero… he estado en lugares peores. El entorno puede desmontarle la paz interior a nuestro cerebro en poco segundos. Recordemos que el cerebro recibe miles de impulsos a diario. Si la vida fuera una película y lo que experimentamos en nuestro día a día fueran fotogramas, el hemisferio izquierdo es capaz de percibir unos doscientos mil. Eso no es nada comparado con lo que puede procesar el hemisferio derecho, el abstracto: alrededor de once millones de metafóricos. ¿A dónde llegamos con eso? A que una cosa es lo que tú procesas de forma consciente y otra bien distinta lo que tu parte derecha del cerebro está captando sutilmente y procesando por su cuenta. Y eso terminará por influirte más de lo que piensas.

Dime dónde estás y te diré cómo estás

El entorno, el lugar en el que te encuentras, la disposición de todo lo que hay a tu alrededor, influye muchísimo. Somos animales, es verdad que unos más que otros, pero animales al fin. Y tenemos algo instintivo en el interior. Es algo nos hace estar en estado de atención, receptividad y seguridad constante. O todo lo contrario.

 «La forma como interactuamos con el entorno genera emociones y sensaciones.»

Lo que nos rodea a nivel tanto consciente como inconsciente es lo que nos llevará a estar cómodos, a fluir y a sentirnos a gusto o a percibir que «algo» está fallando. Regresando al ejemplo: puede que estés ante la sopa más sabrosa y maravillosa del mundo, pero si lo que rodea esa sopa no lo es, tus sabores o la lectura que hagas de ellos estará condicionada, será diferente.

Rapport es la capacidad que tenemos de conectar con lo que hacemos y con lo que sentimos. *Rapport* también es cómo conectamos con el entorno en el que estamos. *Rapport* es fluir y envolver, creando un buen ambiente con las personas con las que conversamos. Y para ello el entorno es esencial.

Quédate con una palabra: psicogeografía. Es un término creado por Guy Debort a finales de la década de los cincuenta que alude a los efectos e influencia que tienen el ambiente geográfico en las emociones y el comportamiento de las personas.

 «Según la psicogeografía, la posición que ocupamos en una sala o alrededor de una mesa puede generarnos comodidad, hacernos fluir o fastidiarnos el día.»

Y cuidado, eso sin contar con quién te ha tocado al lado. Claro que hay veces que no se puede elegir. Nos colocamos donde nos dicen y no hay más que hablar. Pero ¿has notado la diferencia de sentarte en el lugar que instintivamente te dice tu cerebro que lo hagas? Ahí fluyes, estás generando *rapport* con el entorno, estás conectando.

Cuando todo fluye, eso es *rapport*

Rapport implica que cuando llegues a ese restaurante a probar la sopa maravillosa sentirás que todo fluye. Será así porque el restaurante tiene una buena iluminación. Será agradable a tus ojos sin entrar en criterios decorativos, sino de percepción. Imagina que el lugar huele bien, el ambiente es agradable, las expresiones de los comensales muestran cordialidad. Se lo están pasando bien. Están disfrutando. Instintivamente «sabes» que estás en el lugar correcto. Es cierto que luego la sopa puede tener un cabello o una mosca muerta flotando en la superficie (tú siempre tan positivo), pero no estropeemos el momento zen del relato.

Imagina que la persona que te recibe, si es que tenías reserva, te llama por tu nombre.

Muestra cordialidad y familiaridad. Y si no tenías reserva y no sabe ni quién eres, puede que incluso te pregunte por tu nombre y se dirija a ti por él en todo momento. Valga el apunte de que esta técnica de *rapport* se comenzó a implementar en Starbucks hace ya mucho tiempo y que también han copiado en las tiendas Apple.

Rapport será que los meseros y camareros se dirijan a ti no con servilismo, sino de una manera que te haga sentir que estás en casa. Y para eso ajustarán sus niveles de expresión facial y verbal a tus necesidades. *Rapport* será, por supuesto, que el lugar en el que te sientes esté bien dispuesto. Te tiene que resultar cómodo. Será también que los elementos y utensilios con los que te sirvan esa maravillosa sopa sean acordes a la situación.

Está claro que si después de todo eso la sopa parece agua sucia, la magia desaparecerá. Pero seamos positivos e imaginemos que todo ha funcionado bien. Para tu cerebro, si se cumplen todos esos parámetros, no solo habrás tenido la ocasión de probar y degustar la mejor sopa del mundo. Además, el recuerdo de

ese día permanecerá imborrable en ti. Pero hay más, recomendarás el establecimiento. Querrás volver. Y sí, aunque la experiencia en futuras ocasiones que acudas será distinta (porque cada vez es única e irrepetible), seguirá generando armonía y fluidez en ti.

Olvidémonos por un momento de la sopa y volvamos a nuestra vida cotidiana. ¿Sabes la cantidad de pequeñas cosas que puedes hacer para generar *rapport*? Enseguida te detallo algunas. Antes quédate con el concepto de que existen varios tipos de *rapport*: situacional (hay quien lo llama sistémico), proxémico, visual, auditivo, contextual... Luego vemos.

Una vez hayas terminado la lectura de este capítulo, te sugiero que recurras a la herramienta Rappómetro. Te va a ser de mucha ayuda, primero para verificar cómo de «*rappeadores*» o fluidos han sido tus encuentros, reuniones, entrevistas, etc. Tomar conciencia de eso y darte cuenta de cómo ha funcionado tu *rapport* te permitirá generar un área de mejora. Pero la herramienta también te servirá para generar estrategia de acción de cara al futuro.

Al final es muy sencillo: cuándo hay *rapport* todo funciona de otra manera. Hay mejor escucha, las conversaciones son más constructivas y proactivas. En situaciones complejas se reduce la tensión y el reproche y se fomenta el diálogo. Veremos que no es como la aspirina que lo alivia casi todo, pero es muy útil.

Tú contigo antes de con los demás

En primer lugar debemos distinguir entre el *Rapport* Propio y el *Rapport* Ajeno. Es curioso, hay personas que consideran que *rapport* es algo que solo funciona hacia fuera, hacia la galería. Pues no, hay que aprender a trabajar el «yo con yo». La primera persona con la que tienes que sintonizar y fluir haciendo *rapport* eres tú. Ya sabemos que habrá días en los que no te aguantes e incluso ocasiones en las que desearías divorciarte de ti. A todos nos puede pasar. Para mí hay días en los que desearía no haberme conocido, claro que luego se me pasa. Ya te anticipo que ni siquiera el Coaching es capaz de lograr la magia de divorciarte de ti mismo. Ahora bien, si eres capaz de trabajar y establecer un buen auto *rapport*, todo irá mejor.

Hacer *rapport* contigo implica un esfuerzo de auto observación. Es decir, deberás prestarte mucha atención. Al menos al inicio, luego es como todo: la generación de *flow* contigo irá sola.

El paso número uno implica que todo lo que haga conmigo y para mí debe efectuarse desde un entorno de confortabilidad. Hacer *rapport* contigo querrá decir trabajar, estudiar, descansar o tener tus *momentum* desde una psicogeografía controlada y selectiva que te procure bienestar. Eso implicará desconectar todo lo que no te suma o genera distorsión. Por ejemplo la agenda del día o las noticias nefastas nada más despertar para gozar de tu momento de *rapport* del desayuno.

En tu *rapport* debes cuidar la iluminación, el ambiente y la disposición de los enseres de donde estás. Es cierto que hay personas que viven armónicas en el caos con todo por en medio. De ser así, no toques nada, no ordenes (si puedes, limpia con más frecuencia…), deja las cosas como están en tu formato de *rapport* psicogeográfico. No olvides tu *rapport* auditivo. Tranquilo, no le voy a decir a tu psiquiatra que a veces oyes voces en tu cabeza. A todos nos puede pasar. Pero si la vocecita interior te dice «Acaba con él, haz que sufra,¡Mátalo!». Entonces mejor acudir a un profesional. De psiquiatría. Y rápido.

El auto *rapport* auditivo es esencial. Nuestro cerebro parlotea continuamente, es casi un loro. Continuamente estamos lanzándonos palabras y conceptos. Es perfecto porque pueden ser de mucha utilidad para lograr aquello que estamos buscando. Sin embargo, para tu introspección…

Preguntas del Chef

¿Cómo es tu discurso interno?

Piensa un poco y toma nota de cómo te comunicas contigo. ¿Haces *rapport*? Puede que no verbalices de forma auditiva, pero las palabras se manifiestan dentro de ti. Pregúntate:

- ☐ ¿Cómo te explicas la realidad?
- ☐ ¿Qué palabras se repiten una y otra vez cuando lo haces?
- ☐ ¿Las palabras y pensamientos que utilizas en tu parloteo interior son positivas o negativas?
- ☐ ¿Cuándo y por qué aparecen en tu cerebro terminologías limitadoras?
- ☐ ¿Cómo son mayormente tus palabras de aprecio o de desprecio hacia ti?
- ☐ ¿Hay palabras que duelen? ¿Cuáles? ¿Qué puedes hacer con ellas?
- ☐ ¿Te dices lo que sientes por lo que esperas?
- ☐ ¿Te cuentas tus expectativas o tus ilusiones?
- ☐ ¿Cuándo fue la última vez que te dijiste lo bien que hacías las cosas?
- ☐ ¿Cuándo fue la última vez que te reprendiste o criticaste?

En *rapport* trabajamos lo visual, la forma cómo conectamos a partir de lo que vemos. La visualidad de tu auto *rapport* implica no solo cómo te vistes, sino qué sientes tú al mirarte al espejo. Si pudieras ponerte frente al espejo y mirarte a los ojos, ¿cómo te describirías? ¿Qué dirías de ti? ¿Qué te transmite esa persona que te está hablando?

 «El rapport visual hacia uno mismo se establece cuando lo que ves en el espejo te gusta.»

O como poco, te genera conformidad. Se establece cuando lo que ves y lo que sientes sobre ti está en concordancia. Cuando no te gusta, no te aceptas e incluso te atacas. Además de romper tu *rapport* visual (que terminará afectando también al verbal), tienes un tema por resolver.

Te invito a que hagas una reflexión. Piensa en si alguna vez en tu vida te has puesto una prenda de ropa o varias que te hicieran sentir que no eras tú. ¿Qué sentías? ¿Qué pensamientos acudían a tu cabeza? ¿Cómo te hizo actuar vestir de esa manera?

Cuando hago esta pregunta algunas personas me dicen «sentía que no era yo». Bien, entonces si no eras tú, ¿quién eras? La mayoría no lo saben expresar pero sí tienen la sensación de «sentirse incómodos», «antinaturales», «limitados». Sí, hacer *rapport* contigo también pasa por lo que hay en tu armario y si eso te hace fluir o no.

¿Para qué te pueden servir inspecciones como las anteriores? No hay una respuesta exacta, pero te aseguro que si las tienes en cuenta cabe la posibilidad de que cambies la visión que tienes de ti. Con el paso de los años he podido comprobar que la persona que analiza lo que se dice, lo que hace y cómo se ve, logra armonía. Y por extensión, suele vivir más feliz y se quiere más.

Ahora bien, no confundamos. Una cosa es la egolatría y el narcisismo que, llevado al extremo, nos puede conducir a una prepotencia y soberbia ultranatural, y otra la autoestima. Si eres de aquellos que no te miras al espejo porque te caes de guapo, cuidado. Hay personas que prefieren vestirse y acomodarse la ropa sin mirarse mucho y tocarse todavía menos, porque de seguir haciéndolo lo suyo ya no es auto *rapport*, es tendencia al onanismo. Recuerda: solo se trata de autoconectar.

Vayamos al *rapport* externo. Como puedes imaginar, es mucho más que hablarles a los demás con cariño, cercanía o distinción. Mucho más que mirarles a los ojos. Y mucho más que hacerles sentir bien. Es desplegar todas las herramientas, ya que habrás trabajado en ti para lograr que la comunicación con ellos e incluso que el silencio con ellos se convierta en un tiempo agradable, productivo y de fluidez. En un tiempo agradable.

Aplicando los distintos tipos de rapport

Tómalo con calma. Muchos de los tips y procedimientos que te detallaré ya los estás haciendo sin pensar. Fíjate como actúas con las personas con las que tienes mucha afinidad, conexión, amistad o amor. Verás que parte de las acciones las realizas sin darte cuenta. Es normal, todos tenemos neuronas espejo que nos hacen «sintonizar» automáticamente. A veces las tensiones, inseguridades y prisas son las que rompen la conexión. Pero insisto, mucho ya está en ti.

Rapport Situacional o Psicogeográfico

Está relacionado con el «escenario» desde el que nos vamos a comunicar. Una cafetería o un bar pueden ser lugares muy apacibles o totalmente caóticos. No es un ambiente controlable. Por eso, si quieres que tu comunicación sea efectiva, ajusta en la medida de lo que te esté bajo tu control en qué lugar te reúnes.

Elige además el lugar en función del tema a abordar. Determina dónde te ubicarás para sentirte más cómodo o decide que sea la otra persona la que se ubique en primer lugar para que se sienta más segura. Sea como sea, ten presente que los lugares neutrales favorecen la comunicación.

No es lo mismo discutir en el despacho de tu jefe que hacerlo en una cafetería. Es distinto ponerse en modo creativo paseando por un parque que estar encerrados en una sala de reuniones con mucha presión ambiental y poca luz.

«Un buen Rapport Situacional se consigue acompasando al máximo nuestras acciones con las de los interlocutores.»

En el caso que se trate de una conversación en la que estemos caminando, procura mantener el ritmo de paso de la persona que te acompaña. Si ella se detiene, tú también. Si avanza, avanza con ella. Si te desacompasas caminando o paseando, verás que se genera una virtual situación de «ruptura». En ese caminar no vayas mirando al frente sin más, como si estuvieras en una marcha militar. Orienta tu cuerpo unos 45 grados hacia tu interlocutor. De esa forma le estás diciendo a su cerebro que le prestas atención y que es importante para ti.

En el caso que la comunicación sea estando sentados, procura que tu interlocutor y tú estéis orientados entre 45° y 90°. Sentarse frente a alguien interfiere el proceso de *Rapport* e incluso puede generar incomodidad. Cuando dos personas están sentadas una frente a otra, su «instinto animal» se ve ligeramente afectado. Además nuestra visión necesita tener despejada la zona frontal para poder pensar reflexionar y crear. Si hay alguien que tapa en parte tu horizonte de visión puede generarse algo parecido a un bloqueo. En cambio, si estamos sentados con la persona a 90°, los dos podremos mirarnos a los ojos y orientar la cabeza en otra dirección para buscar un punto de reflexión cuando sea necesario.

A la hora de establecer *Rapport* Situacional, una mesa se puede convertir en una barrera, en una frontera que nos separe. Necesitamos que ese mueble sea un nexo de unión, no de divergencia. Por tanto, a la hora de estar sentados en torno a una mesa siempre que puedas procura que sea manteniendo el ángulo. A no ser, claro, que quieras mantener distancia.

El *Rapport* Situacional también existe a través de las pantallas de un ordenador o del teléfono móvil. Hay numerosas aplicaciones de videoconferencia que te ayudarán a instalar un fondo virtual tras de ti para que la comunicación sea más agradable o para dar privacidad sobre el lugar en el que estás. Si quieres, úsalo, pero procura que esté acorde con la situación que vas a abordar. ¿Es conveniente que el fondo virtual mientras hablas con tu jefe sea de una playa de las Bahamas? Si no vas a utilizar un fondo virtual, procura que la escenografía que haya detrás de ti sea adecuada. Lo que se ve tras de ti dice tanto o más que tú.

Es muy importante en el *Rapport* Visual a través de pantalla que no mires la pantalla (por lo general es más pequeña) en la que aparece tu rostro. Por mucha que sea tu belleza, enfoca hacia el interlocutor. Ya te mirarás en otro rato. En este caso mueve las pantallas flotantes en las que están tu interlocutor (o interlocutores) lo más cerca que puedas hacia la cámara, así quienquiera que esté al otro lado tendrá la sensación de que le prestas el máximo de atención.

En este tipo de comunicación no podemos mantener el posicionamiento de 90°, en este caso tendría el efecto contrario, parecería que no nos interesa de lo que se habla. Ahora estamos frente a frente, pero de vez en cuando puedes desviar la mirada para no parecer una serpiente a punto de atacar.

Rapport Visual

Lo que ves te influye. Lo que ve tu interlocutor también. Si has logrado generar un buen ambiente situacional no vayamos a estropearlo con el visual.

¿Cómo te sientes cuando estás contando algo importante y la persona mira su reloj, consulta su teléfono o comparte la atención hacia ti con la pantalla de su ordenador? ¿Cómo te sientes cuando estás explicando algo emotivo y quien está frente a ti parece que ni siente ni padece? Ajá, pues ahí tienes la influencia del *Rapport* Visual.

 «La gesticulación y lo que hacemos mientras hablamos es importantísimo en el Rapport Visual.»

Acompañar a la otra persona con nuestros gestos y expresiones, emulando las suyas, genera un alto efecto de conexión y reposo emocional. Imagínate la escena: tú narrando algo que tiene un fuerte impacto emocional y yo escuchándote recolocándome en el sofá, como si estuviera mirando mi capítulo favorito de una serie en Netflix. Tú tenso y yo súperrelajado. Seguramente la conexión no fluiría.

Es evidente que en el ejemplo anterior quien tiene el problema o está en tensión eres tú. No por ello a mí se me tiene que inflamar la vena del cuello, pero sí debo hacer un esfuerzo por empatizar contigo. ¿Cómo hacerlo? Manteniéndome sereno y relajado y adoptando una postura que refleje, con claridad, que tengo interés por lo que me cuentas.

De vez en cuando, debo asentir, gesticular y adoptar posturas similares a las tuyas. Mis gestos y posiciones corporales deben dejar claro no solo que estoy frente a ti oyéndote, también que te estoy escuchando y comprendiendo.

Rapport Auditivo

Imagínate dos personas hablando. Una tiene el tono acelerado, habla deprisa y con tono alto. La otra habla como silabeando y en un tono mucho más bajo. ¿Fluyen? Difícilmente. No se trata de que cuando alguien te grite tú lo hagas más alto para evidenciar tus niveles de testosterona, pero sí debes acompasar la modulación de tu voz con lo que llega desde el otro lado.

Cada uno habla como habla. Tiene sus dejes, muletillas, pausas, ritmo y tono de voz. No se trata de que cambies tu forma de hablar, se trata de que la acompases con la otra persona. Cuanto más iguales el ritmo de la velocidad de tus palabras, así como el nivel de volumen, más confort y armonía estarás ayudando a crear.

 «Como sucede con el Situacional, el Rapport Auditivo es sencillo: se trata emular la forma de comunicar de la otra persona.»

Rapport Contextual

¿Qué pasaría si la otra persona te cambia de tema? Imagina que tú me estás hablando de tu pareja y yo te pregunto por los resultados deportivos de nuestro equipo favorito de ayer. ¿Creerás entonces que me interesa lo que me cuentas o más bien que estoy en lo mío y me «aburro» escuchando tus «batallitas»? Imagina dos socios de la misma empresa:

uno habla de un problema de producción y el otro le dice que no sabe en qué red social publicitar el producto. Son ejemplos un poco exagerados, pero ¿cuántas veces te ha pasado que tú hablabas de «manzanas» y te daba la sensación de que tu interlocutor lo hacía de «lechugas»? El contexto y mantener la atención es vital en una conversación para conseguir una alta efectividad. No solo debemos procurar entendernos los dos, debemos seguir un mismo hilo de comunicación y que las palabras que manejemos sean comprensibles.

¿Le hablarás con las mismas palabras a un señor de setenta años qué a un *millennial*? Puedes hacerlo así, pero no conectarás de igual forma. Ajusta el contenido, las palabras y el contexto y todo fluirá mucho mejor.

Por supuesto, en este apartado de la conexión, te va a ser de mucha utilidad el manejo de elementos que veremos más adelante cuando trabajemos la escucha y la pregunta, como el parafraseo o la validación. Pero por ahora quédate solo con... ¡sintonizar!

UTENSILIOS

RAPPÓMETRO

ÁREA DE PLANIFICACIÓN

ESCÉNICA. ¿Cuál es el lugar más adecuado? ¿Qué debe contener? ¿Qué ambiente debo propiciar?

AUDITIVA: ¿Qué quiero que oiga la otra persona? ¿Cómo debe ser mi tono y mi voz?

CONTEXTUAL: ¿Qué es importante decir para conectar? ¿Qué palabras o temas es mejor no abordar?

VISUAL: ¿Qué imagen quiero dar? ¿Qué deseo que se vea?

ÁREA DE RESULTADOS

Tomando como consideración la experiencia planificada y vivida, ¿qué resultado he obtenido?

ESCÉNICA

AUDITIVA:

CONTEXTUAL:

VISUAL:

ÁREA DE MEJORA Y CAMBIOS

¿Qué estrategias debo realizar en la futura ocasión para tener mejor resultado?

ESCÉNICA

AUDITIVA:

CONTEXTUAL:

VISUAL:

DOS OREJAS DAN PARA MUCHO: ¿SABES ESCUCHAR O SOLO OYES?

«Asegúrate que tu peor enemigo no viva entre tus dos oídos.»
Laird Hamilton

Sopitas de Coaching para
saber escuchar.

Por algún motivo, cuando nos diseñaron, nos pusieron dos orejas y una boca. Hay quien dice que esto es para que escuchemos el doble de lo que hablamos. Lamentablemente, y a diferencia de otros animales, no podemos percibir la temperatura, ni tenemos capacidades cromatográficas, ni un sonar en el cerebro como las ballenas. Así que nuestra captación con lo que escuchamos es esencial. Sin embargo ¿sabemos escuchar o solo estamos acostumbrados a oír?

Escuchar es todo un arte. Y aunque nos puede parecer algo muy sencillo, porque para eso tenemos las orejas, no siempre es así. Piensa en tu última conversación.

«¿Lo que escuchaste es lo que te dijeron o es lo que tú interpretaste que te querían decir?»

¿Cuánto de todo lo que te explicaron o escuchaste realmente te llegó? No es por fastidiar, pero hay veces que la escucha parece mecánica cuántica avanzada. No es que no escuchemos, es que no prestamos atención a lo que entró por los oídos. A veces, como asegura el dicho «nos entra por una oreja y nos sale por la otra». Pero en ocasiones es peor, lo que entra por una oreja no tiene nada que ver con lo que creemos haber oído. ¿Qué hacemos? ¡Inventar!

La escucha es uno de los ingredientes esenciales en esta sopa que llamamos vida, pero aprender a escuchar no es tan fácil como puede parecer. Hay que ponerle atención, ganas y dedicación.

Recuerdo que una vez alguien me dijo: «necesito que me escuches». No era mi pareja, gracias a Dios. Tras aquella frase, pensé «¿solo quieres que te escuche o quieres que también hable?» Pero la evidencia era que, ella (sí, era una mujer, pero no era mi pareja) solo quería ser escuchada. Necesitaba desahogarse, que alguien la escuchase para también poder hacerlo ella al explicar lo que le ocurría. Es curioso porque a veces contamos las cosas con ese objetivo pero no lo decimos. Solo queremos hablar y que alguien escuche, sin más. Sin embargo, lo correcto es que haya interacción. Lo adecuado es que nuestro cerebro perciba una sensación de confort porque hay alguien «al otro lado», alguien que no solo te escucha, sino que también te está comprendiendo.

«*Escuchar sin poder hablar ni responder es complicado.*»

Complejo incluso cuando te han dicho «solo quiero que me escuches». Eso implica tanto como decirle a tu cerebro que preste atención pero que no intervenga. Y en realidad, cada vez que escuchamos (no cada vez que oímos) nuestro cerebro debe «dejar de hacer sus cosas» para prestar atención.

No es algo fácil decirle a tu cerebro «deja lo que estás haciendo que alguien te está hablando y ponle atención». Según cómo, es una afrenta. Cuando lo pides, tu cerebro te dice: «es que si le escucho a él, no me escucho a mí. Si no me escucho a mí, no tengo tiempo de prestar atención a todos los ruidos, filtros y elementos que estoy metiendo en la cabeza a cada momento». Por tanto, la primera clave para poder escuchar es vaciar la mente. Decirle a tu ego que por un momento no es importante. Y focalizar la atención hacia la otra persona.

Tranquilo, vaciar la mente no es entrar en coma

Entiendo que te preguntes cómo pretendo que vacíes tu mente, con la de cosas importantes que tienes ahí dentro. No va a ser tarea fácil, no nos vamos a engañar. Vaciar la mente requiere de práctica y ejercicio sencillamente porque nuestro cerebro se está llenando continuamente de cosas inútiles. Con lo cual, la primera fase para poder entrenarnos en esto de la escucha es fabricar una virtual «papelera neuronal».

Si de verdad queremos escuchar para ayudar, comprender y avanzar, debemos «hacer sitio» ahí arriba. Debemos empezar a acostumbrarnos a «quitar» lo que nos sobra. Hacerlo, además de ayudarte en la escucha, te dará mucha paz interior. Sí, ya que vamos a quitar miasmas, hagamos que su eliminación sirva también para tener una vida más tranquila en nuestro día a día.

De la misma forma que en casa separamos los desechos según el color del contenedor al que luego los vamos a tirar, seleccionando vidrio, cartón, plástico, etc., podemos hacer lo mismo con nuestra mente.

Preguntas del Chef

Analiza tu escucha, pero antes analiza los ruidos y elementos disonantes que suelen aparecer en tu mente.

- ☐ ¿Qué pensamientos están pasando por tu cabeza en este momento?
- ☐ ¿Cuáles de ellos son interesantes y útiles para lo que estás leyendo?
- ☐ ¿Cuántos de tus pensamientos aluden a recuerdos, ideas, deseos o preocupaciones?
- ☐ ¿Cuántos crees que están en el aquí y ahora, en este momento?
- ☐ ¿Lo que estás pensando está relacionado con tu persona?
- ☐ ¿Cuántas veces, cuando estás escuchando a alguien sabes a ciencia cierta qué te quiere decir?
- ☐ ¿Cuántas veces sabes perfectamente de qué te va a hablar cuando ha comenzado a hacerlo?
- ☐ ¿Cuando escuchas, estás pensando en lo que te dice? ¿Piensas en comprenderlo y ver de qué manera puedes ayudar a esa persona o estás pensando en qué respuesta le vas a dar?
- ☐ ¿Cuando crees que escuchas en realidad estás filtrando?
- ☐ ¿Qué pensamientos hay en tu día a día que no te aportan nada?
- ☐ ¿Cuántas veces al cabo del día te preocupas por lo que no depende de ti?
- ☐ ¿Cuántas veces pones filtros, suposiciones y juicios sin saber?

¿Cómo eliminar lo que sobra?

Además de todo lo anterior, ya visto, Coaching no es:

Primero tomando conciencia de las respuestas que habrás dado en la sección anterior. Y en segundo lugar tomando el control de tus divagaciones mentales que no te suman. El cerebro tiene la mala costumbre de imaginar, inventar y crear pensamientos que le den respuesta a lo que no controla, no sabe o no conoce. Cada vez que te pase algo de eso toma conciencia de lo que está ocurriendo, y como se decía antiguamente «detengan máquinas» ¿Qué hacer entonces?

- No presupongas, pregunta.
- No filtres, no utilices tu criterio sin saber.
- Entiende que hay otra realidad que no es la tuya.
- No juzgues ni prejuzgues.
- Solicita clarificación, sin asumir.
- No etiquetes. Las etiquetas son «porciones globales» para asumir una información desconocida.
- No te precipites, deja terminar al otro.
- Toma nota mental de cada uno de tus ruidos, eso ayudará a que vayan desapareciendo.

Ajustando los niveles de escucha

Volvamos al arte de escuchar. En Coaching decimos que hay varios niveles de escucha. En función de lo vacía que está nuestra cabeza y de la predisposición y esfuerzo que hacemos por escuchar al otro, el nivel asciende. Para simplificarlo, hablemos de tres estratos.

Nivel uno: «Parece que escucho»

Sí, lo puede parecer, pero no lo hacemos. Sucede cuando alguien nos cuenta algo terriblemente aburrido, cuando no nos interesa o cuando pensamos que eso que dice es una tontería. En ese momento, además, tenemos cosas importantes que hacer. Cosas más importantes que lo que nos dice la otra persona. De manera que lo que hacemos es poner cara de circunstancias y fijar la atención en un punto de fuga. Hay quien deja de parpadear, como si estuviera orientando toda la atención en el otro, cuando en realidad lo mira sin ver, porque «está en sus cosas».

Cuando hacemos cosas como las anteriores, queremos, por cortesía o por respeto e incluso por cariño, que la otra persona piense que le estamos escuchando. Pero en realidad estamos en nuestro mundo. Y al terminar la conversación solo tendremos una vaga información de lo que nos dijo. Al fin y al cabo, nos importaba bien poco. Nosotros éramos más relevantes que su historia.

Nivel dos: «Sigue hablando que me interesa...»

En este segundo estadio ya hemos conectado con el interlocutor. Estamos en fase semiprofunda, pero seguimos en nuestro mundo. Escuchamos, intervenimos, puede que incluso preguntemos o demos opinión. En ese momento empiezo a entender qué me estás diciendo y te presto atención. Puede que sea por curiosidad o porque quiero ayudarte. Pero sigo teniendo cosas que hacer. Cuando acabe de hablar contigo tengo que ir a comprar. No he terminado la lista del súper, esta noche tengo invitados y aún no sé qué les voy a preparar para cenar.

En ese momento, lo que me estás contando me interesa, es significativo. Puede que incluso quiera ayudarte. De verdad que quiero prestarte atención, sin embargo, mi cerebro me recuerda que yo también tengo una vida, por tanto mis niveles de atención hacia ti se han incrementado de un 10 a un 50%. Pero mi escucha hace que esté casi más en mí que en ti.

Nivel tres: «Soy todo oídos, cuéntame»

Esta es la escucha profunda, la auténtica escucha. En este momento que sí te estoy prestando toda la atención he sido capaz de tirar mi basura mental. Atrás quedaron mis juicios, prejuicios, interpretaciones y suposiciones.

 «Mi cerebro está totalmente focalizado en el aquí y el ahora que son los tuyos.»

Estoy absolutamente pendiente de qué me dices y cómo me lo dices. También de para qué me lo dices. Puedo incluso captar la carga emocional de tus palabras y empatizar plenamente con lo que me dices que te pasa.

En esa escucha total y profunda he acallado mis ruidos y lo que pase durante nuestra charla estará orientado hacia ti. Yo solo volveré a mi cerebro para buscar una pregunta o un consejo si no estamos haciendo Coaching. Mi cerebro se ha volcado en ti. Es verdad que sigo teniendo que ir a comprar y que todavía no sé qué voy a preparar para mis invitados en la cena de esta noche, pero eso ha quedado en un segundo plano. Ahora no es importante, lo importante eres tú. En esa escucha profunda estaré pendiente de tus palabras. Podré detectar cuándo cambias el tono, qué palabras repites, qué muletillas utilizas. Observaré los momentos en que parece que te tiembla la voz porque hay una profunda carga emocional en lo que cuentas. Escucharé la inseguridad y la certidumbre. Al mismo tiempo, también «escucho» tus gestos, posturas y actitudes.

Preguntas del Chef

- ☐ ¿Qué es lo que suele impedir que escuches de forma atenta?
- ☐ ¿En qué te beneficia escuchar con máxima atención a los demás?
- ☐ ¿Cuál es el beneficio para otros al escucharte?
- ☐ ¿Cómo te sientes cuando no te sientes escuchado?
- ☐ ¿Cómo te sientes cuando tienes que mantener silencio?
- ☐ ¿Qué puedes hacer con la incomodidad o precipitación cuando escuchas?

¿Cómo prepararte para escuchar?

No basta con eliminar el cerumen de los pabellones auditivos ni tampoco con «poner la oreja». Lo primero que necesitas son ganas. Prepararse para escuchar es un ejercicio de actitud, de empatía y proactividad para con el otro, además de tener en buena disposición la asertividad.

Si tienes un mal día, no escucharás igual que si estás en equilibrio y bien descansado. Si el tema que trata la otra persona no te interesa o motiva, deberás esforzarte todavía más porque bajarán tus niveles de escucha. Y deberás hacer lo propio si no te sientes conectado hacia tu interlocutor. Ante situaciones como las descritas solo puedes hacer una cosa: controlar lo controlable y actuar sobre tu buena disposición de escuchar. Deberás además acallar tu ruido interno y estar presente aquí y ahora, en el momento presente.

«Para hacer una escucha profunda y completa tienes que estar interesado en la otra persona.»

Si no lo estás, busca qué puntos te hacen conectar con su discurso. Es decir debes lograr que lo que te cuente sea «gratificante». Esto mismo debes aplicar tú cuando cuentes algo. Si no es gratificante, si tu ritmo de exposición no cautiva su atención, no te escuchará en profundidad. Por tanto aplica el NIA del capítulo al hablar y al escuchar. Solicita a tu interlocutor el máximo de información concreta y ofrece tú la misma concreción al exponer. Evita la generalización y concreta lo más posible para que tus oyentes siempre tengan contexto.

Limpia el «cerumen interpretativo»

Si mantener una buena higiene de las orejas es esencial, hacerlo de lo que entra por ellas en formato audio es indispensable. Céntrate en lo que te dicen y en cómo te lo dicen, pero además, clarifica y no presupongas. Cuando presuponemos, filtramos y cuando filtramos no escuchamos. Presuponer implica tener que inventar o tener que interpretar qué es lo que nos ha querido decir el otro con sus palabras.

Si interpretamos es o bien porque la información que nos llega no está clara o porque no preguntamos por ella. O sencillamente, porque hemos dejado de escuchar profundamente. Cierto que clarificar a veces implica interrumpir y puede que tengamos cierto pudor o vergüenza a hacerlo. Además, implica preguntar aquello que no hemos entendido bien o matizar qué es lo que nos han querido decir. Y ahí entramos en un juego con nuestro ego que se incomoda cuando preguntamos para clarificar. Entramos en la generación de ruidos del tipo: «Puede que si interrumpo se va a pensar que no la escucho, con lo que me está costando». O «a ver si va a pensar que no me estoy enterando de lo que me dice». O «no quisiera que se piense que soy tonto». De nuevo, volvamos al control. No es controlable lo que tu interlocutor piense de tu acción. No dejes que tu cabeza se invente cosas. Pregunta, clarifica y avanza.

Escuchar profundamente también implica silenciar la boca

Además de silenciar el cerebro, debemos callar la boca. El silencio permite la reflexión y nos ayuda a que la otra persona fluya. También nos ayuda a escuchar mucho mejor. Por eso, en una conversación, respeta los tiempos. Cada quien necesita su ritmo y respetarlo (además de que te ayudará a mantener tu conexión o *rapport*) servirá para saber cuándo interrumpir y cuándo callar. Por eso si tu interlocutor está terminando una frase o argumento y le interrumpes porque no puedes mantenerte en silencio, vas a romper ese momento de escucha, de concentración y armonía.

Además, al silenciarnos y prestar atención entramos en un nivel especial de escucha en el que además de escuchar con las orejas, lo hacemos con los ojos. Con ellos observamos cómo nos dice lo que nos cuenta. Ya sé que no eres un escáner, pero los ojos te hablarán de su tristeza, alegría, prisa, rabia, deseo, etc., y de todo lo que te está diciendo sin decirlo. Si alcanzas ese nivel te darás cuenta que poco a poco escuchas también desde lo más profundo de tu ser, desde tu corazón. Y ahí será cuando en la escucha tal vez, solo tal vez, tendrás intuiciones y percepciones. No, no es que te conviertas en Nostradamus o en Harry Potter. Calma, pero tu cerebro captará elementos sutiles que van más allá de las palabras. Eso sí, no inventes cual adivino de feria. Si tienes una percepción o intuición, compártela y pregúntale a la otra persona qué tan válido es eso que has intuido o sentido al escucharle.

¿Escuché lo que escuché o pienso que escuché pero solo oí?

En principio al escuchar sabes lo que te dicen. Pero ¿eso que has escuchado y que has creído entender es lo que ha dicho? A veces sí, a veces no. Si clarificar es importante, solicitar la validación sobre lo que nos han dicho es vital. Validar implica certificar que nuestra escucha es fidedigna. Si no valido, no estoy constatando que he comprendido bien lo que me ha dicho mi interlocutor. Cuando validas, no solamente verificas, también haces que la otra persona se sienta escuchada.

La validación ayuda a generar la conexión con el otro y nos conduce a mantener conversaciones mucho más interesantes y productivas. Además nos permite fluir mejor y potenciar los niveles de *rapport*.

No dudo de tu capacidad retentiva y de tu buena memoria. Sin embargo, si esperas a validar después de mucho tiempo de charla, puede que te hayas perdido. Tampoco se trata de que estés validando a cada frase. Es cuestión de establecer periodos de validación. Cada vez que escuchas algo que parece interesante o relevante, tu intervención debería ser de validación.

Cuando validas te estás esforzando en decirle a tu cerebro «esto es lo que he escuchado y esto es lo que he entendido». Cuando ambas cosas coinciden se produce una alta escucha profunda.

 «Además de escuchar y validar, debemos acostumbrarnos a parafrasear.»

Cuando en una pregunta o explicación incorporamos parte de lo que dijo el otro estamos parafraseando. Hacerlo deja claro que le estamos escuchando. Por tanto el parafraseo nos ayuda a conectar más y mejor pero además tiene una doble utilidad: al parafrasear, estás «grabando» de forma fidedigna la información.

Aprende a trabajar la escucha. Todo lo que ocurra será en tu propio beneficio. Te darás cuenta que tus comunicaciones con otras personas fluyen mucho mejor. Verás que esa escucha te evita dispersiones y ruidos. Te ayudará a mejorar tus relaciones personales porque los demás se sentirán gratificados al sentirse escuchados. Por si eso fuera poco, aprender a trabajar la escucha te ayuda a forjar modelos a la hora de hablar. Te facilita que estructures tus comunicaciones de manera que para los otros, aunque lo que cuentes no les interese demasiado, resulte fácil de escuchar. Y si logras eso, estarás elaborando una maravillosa sopa con independencia del tipo de fideos que estés usando.

UTENSILIOS

ESCUCHÓMETRO

Este utensilio está pensado para que refuerces tus habilidades de escucha y para que tomes notas en una conversación. Puedes usarlo al terminar pero ten en cuenta que tu memoria puede fallar.

Analizar las palabras que repites y las muletillas del otro te ayudará a enriquecer tu discurso y a ver en qué hace énfasis tu interlocutor o qué parece preocuparle.

Ten presente que la validación es lo que te da puntos de seguridad y que todo lo que no está validado adecuadamente se puede quedar en papel mojado.

¿QUÉ PALABRAS REPITE ? ¿QUÉ PALABRAS HE REPETIDO?

¿QUÉ HE ESCUCHADO? W¿QUÉ ME DICE LO QUE HE VISTO? ¿QUÉ SENSACIONES HE TENIDO?

¿QUÉ HE INTERPRETADO? / ¿ QUÉ HA INTERPRETADO?

¿QUÉ HE VALIDADO? / ¿QUÉ HA VALIDADO?

¿CON QUÉ ME QUEDO DE TODO? ¿CON QUÉ SÉ QUE SE HA QUEDADO?

¿A QUÉ CONCLUSIONES LLEGO Y PARA QUÉ ME SIRVEN?

PREGUNTAS: MUCHO MÁS ALLÁ DE UN INTERROGATORIO

«Hacer preguntas es la prueba de que se piensa.»

Rabindranath Tagore

Alguien me dijo una vez que un Coach era algo parecido a un interrogador. No pude por menos que sorprenderme. Nunca me había imaginado que me viesen como un interrogador. En todo caso como un entrevistador, pero ¿interrogador? Todo esto forma parte del desconocimiento que a veces existe sobre el Coaching.

Muchas personas se creen que vivimos por y para la pregunta y no es así. Recuerdo en una cena de ex alumnos en la que se me ocurrió realizar un par de preguntas intrascendentes a una de mis amigas allí reunidas. Su respuesta fue: «Ya está el Coach con sus preguntitas. Si lo sé no te digo nada».

Sinceramente, no nos pasamos el día haciendo preguntas. Pero sí utilizamos esta metodología como herramienta esencial de nuestras comunicaciones. Al fin y al cabo, si no preguntas, no sabes.

> **«Si no preguntas, interpretas, supones y generas ruido.»**

Por eso, la pregunta es la herramienta esencial de Coaching, pero no la única.

Ahora bien, no todas las preguntas sirven. En una conversación debemos escuchar, comprender, validar, parafrasear y por supuesto preguntar. La pregunta es el sustituto natural del consejo. Es cuestión de acostumbrarse. Tenemos esa «mutación genética» del «Gen Consejero» que todo lo sabe. Por eso lo habitual es que cuando alguien te está contando una historia, vivencia o algo que tiene carga emocional, en vez de preguntar y profundizar, nos limitemos a responder. Y la respuesta suele ser para aconsejar o dar opinión.

No es habitual que preguntemos para facilitar una introspección. Además, lo frecuente es que tu interlocutor esté esperando tu consejo u opinión y no que le «calientes» la cabeza haciéndole preguntas para encontrar la respuesta por sí mismo. No es cuestión de pereza, dejadez o flojera para no pensar (al menos no siempre). El tema es más sencillo: a nuestros cerebros no les suele gustar gastar energía pensando. Ya tienen bastante trabajo con las tareas diarias. Por eso, si alguien me dice qué debo hacer (eso sí, porque yo se lo he pedido), me facilita un ahorro energético. Tengo la respuesta, la indicación o la solución y no he tenido que pensar. ¿Qué más quiero?

¿Tenemos que dar consejos u opiniones? Como amigo, compañero de trabajo, etc., podemos hacerlo, claro que sí. Como Coaches, no. Un Coach que da consejos no está ejerciendo de Coach, sino de otra cosa. Puede que tu intervención le haya sido súperútil a la otra persona, porque al fin y al cabo tenía un problema, no encontraba la solución y tú le diste un buen consejo. Sin embargo, es tu consejo y no el suyo. Es lo que tú harías y no lo que él o ella necesita hacer (o al menos no necesariamente). ¿En qué afecta eso? En que la responsabilidad es menor. Uno no lucha igual por lo que es suyo, por su motivación intrínseca, que por la extrínseca, la de los otros.

Si en lugar de dar consejos y decirles a los demás lo que tienen que hacer les generamos preguntas que incentiven su reflexión, entramos en la posibilidad de que pueden hallar sus propias respuestas, de que generan sus propias motivaciones y sus propias razones.

A priori, una pregunta es una pregunta. Y parece fácil preguntar. Sin embargo, debemos distinguir entre preguntar y preguntar de forma manipulativa.

«En Coaching preguntamos de forma abierta. Buscamos que la pregunta sirva para la exploración del otro.»

Si usamos preguntas dirigidas (que conducen a una respuesta concreta), lo que estamos haciendo es manipular. En general la forma más fácil de elaborar preguntas es hacer que comiencen con las palabras: qué, cómo, dónde, para qué, quién. Los sustantivos y verbos que acompañarán a estos ítems de interrogación serán los que le darán carga de profundidad da la pregunta. Veamos algunos ejemplos de preguntas abiertas que nos amplían las respuestas. Al recibirlas, la otra persona puede recrearse y amplificar sus respuestas.

- ► ¿Qué es para ti... XXX?

- ► ¿Cómo vas a hacer eso? ¿Qué has pensado?

- ► ¿Dónde exactamente se produce eso que me explicas? ¿Cómo sucede? ¿Qué te genera o hace sentir?

- ► ¿Para qué quieres eso? ¿Para qué más? ¿Cómo lo imaginas? ¿Dónde lo puedes encontrar?

- ► ¿Quién es esa persona? ¿Qué significa para ti? ¿Cómo es tu relación con ella? ¿Qué es lo que te preocupa exactamente?

En cambio, si utilizamos preguntas manipulativas o condicionales, estaríamos condicionando al interlocutor:

- ► ¿De verdad crees que eso te conviene?

- ► ¿Te has dado cuenta de lo nefasta que es esa persona?

- ► ¿No crees que haciendo eso estás perdiendo el tiempo?

Espero que te sirvan los ejemplos, porque la pregunta debe surgir de ti. Tiene que ser algo natural que forme parte de la conversación. Por supuesto, cuanto más neutra y abierta sea, mejor.

La fuerza de la pregunta poderosa

Cuidado, que llega la decepción: no existe un manual de 258.325 (o más) preguntas poderosas del Coaching. Antes encontrarás el Arca de la Alianza y el Santo Grial que ese libro. Que haya una pregunta poderosa o no, no depende de mí que soy el que la formula. Depende de la implicación e importancia que tiene para ti, que eres quien la escucha en el momento adecuado y preciso.

La pregunta se convierte en poderosa porque a ti te remueve. Es poderosa porque te hace sentir y te lleva más allá. Es poderosa porque genera pensamientos, reflexiones y otros puntos de vista. Y atención, porque la pregunta que es poderosa para ti, puede que no lo sea para otra persona a pesar de ser la misma pregunta. No busques preguntas poderosas, busca la manera de que la pregunta «diga» y «genere» algo. Puedes entrenar contigo mismo/a. Es cierto que cuando nos preguntamos, muchas veces nos mentimos o nos autoengañamos, pero pruébalo igualmente. Entrena contigo.

Piensa que la pregunta es dual. Puede ser hacia fuera o hacia dentro. Y antes de que te explote la cabeza pensando qué diferencia hay entre dentro y fuera en el ámbito de la pregunta, te detallo:

Cuando la pregunta es hacia dentro, la respuesta es para mí. Es una pregunta que yo te hago porque necesito saber, comprender, entender o clarificar qué es lo que me estás diciendo y para qué me lo estás diciendo. Ese tipo de pregunta «hacia dentro» me ayudará a potenciar mis niveles de escucha de *rapport* y de conexión contigo. Me facilitará profundizar en la conversación. Por supuesto, a ti también te servirá: al escuchar tu respuesta verbalizada, tu cerebro tomará conciencia de lo que estás diciendo.

Ahora bien, si solo hago preguntas para mí, para satisfacer mi curiosidad sobre lo que estás diciendo, difícilmente te van ayudar. Es sencillo, me estarás contando lo que ya sabes. Y tu cerebro necesita ir más allá de lo que ya sabe. Aunque no es menos cierto que a veces al dar esas respuestas también se puede producir algún «clic» de conciencia.

Cuando estés hablando con alguien, aunque no estés aplicando algunas de las herramientas de Coaching que hay en este libro, establece preguntas que sean para ti de forma que puedas comprender muy bien lo que te está contando. Pero luego pregunta para la otra persona.

La pregunta hacia fuera es la que hacemos para que la otra persona tenga la oportunidad de explicarse, de profundizar y proyectar. La pregunta hacia fuera es la que en Coaching le hacemos al Coachee cuando queremos que genere un «clic» de toma de conciencia.

Sea hacia fuera o hacia dentro, recuerda que una pregunta no será más poderosa o reflexiva por ser más larga. Una pregunta generada dentro de un largo discurso puede hacer que la otra persona se pierda.

Por ejemplo: «Según lo que me acabas de contar, ¿eso que te ha pasado y que te viene ocurriendo desde hace ya varias veces, en especial cuando hablas con X, tanto en la oficina como en la sala de juntas, podría deberse, entre otras muchas cosas, a que cuando tú generas los planes de acción que te pide tu jefe los estás plasmando según las indicaciones de Y en lugar de las que, como me has dicho antes, te ha sugerido Z?» Sí, le explotó la cabeza.

Hasta las preguntas tienen tipologías

En general podemos establecer los siguientes tipos de pregunta.

La pregunta de contexto:

Nos ayuda a comprender qué es lo que está pasando, cómo está pasando y a qué se refiere la otra persona. Es una pregunta más hacia ti para comprender que hacia él para su introspección

La pregunta de acción:

Como indica su nombre, sirve para determinar los pasos a seguir, para clarificar qué ha pensado hacer o qué quiere hacer esa persona. Pero además, cuándo, cómo y de qué manera tiene pensado hacerlo. Desde luego es una pregunta más hacia fuera, hacia el interlocutor, porque le hace caer en cuenta, le aterriza en sus planes de acción.

La pregunta alternativa:

Sirve para fragmentar, reducir la tensión y verificar hacia dónde queremos o quiere ir la persona. Este tipo de preguntas siempre se acompañan de «o». ¿Quieres que hablemos de A o de B? ¿Quieres hacer esto o lo otro?

Las preguntas «prohibidas»:

Son esas que es mejor no hacer porque no van ayudar a la otra persona. No se trata de que haya temas prohibidos, se trata de entender que son preguntas que no le ayudarán y que pueden hacerle sentir manipulado. Son aquellas en las que introducimos palabras como: ¿seguro?, ¿de verdad?, ¿tú crees?

Y la clave es...

Que preguntes con normalidad, que incorpores la pregunta en el contexto de la conversación y del tema sobre el que se habla. Que sean preguntas directas, claras y breves. Que sean sencillas y lo menos dirigidas posibles y lo más abiertas que puedas. Eso sí, antes de hacerlas, ponte en el lugar de la otra persona. Antes de hacer una pregunta, pregúntate tú para qué la quieres hacer. ¿Qué quieres obtener o provocar con esa pregunta? ¿Para qué le servirá a tu interlocutor?

A lo largo de las páginas precedentes, con todo lo que ya llevamos recorrido, habrás visto muchas preguntas. Espero que además te las hayas formulado. Si lo has hecho, ya habrás comprobado que hay veces que no generan ningún efecto y otras que te «tocan» o te generan «clic». Esa es la idea.

UTENS|L|OS

PREGUNTÓMETRO

Esta herramienta te dará una buena base para que generes preguntas en tus conversaciones o introspecciones. Observarás que la herramienta está enfocada como ejemplo a generar un proceso de acción global.

ÁREA DE METAS: ¿QUÉ ES LO QUE QUIERES?

¿Cuál es exactamente tu objetivo?
¿Qué quieres lograr de forma detallada y clara?
¿Para qué quieres esa meta u objetivo?
¿Para cuándo lo quieres?
¿Qué fecha final, que sea realista, le pones al logro del objetivo?
¿Qué lista de acciones debes poner en marcha para alcanzarlo?
¿Qué personas están involucradas directamente en tu objetivo?

ÁREA DE ESFUERZOS E IMPLICACIÓN : ¿QUÉ PRECIO ESTÁS DISPUESTO A «PAGAR»?

¿Qué coste (económico, mental, de tiempo, etc.) supondrá para ti ese objetivo?
El «precio a pagar» ¿es adecuado?
¿Te dará más beneficio que perjuicio?
¿En qué momento crees que deberás pagar ese precio?
¿Podrás cumplir? ¿Cuánto tiempo le dedicarás?
¿Qué recursos, competencias, contactos. etc., tienes para avanzar hacia tus acciones?
¿Ese coste te afecta a ti o a otros?
¿Tendrá el mismo coste para todos?
¿Puede alguien salir perjudicado?
¿Es igual de ético para todos?

ÁREA DE EMOCIONES: ¿QUÉ EMOCIONES DEBERÁS MANEJAR EN TU PROCESO?

¿Qué sensaciones, pensamientos o emociones te genera el objetivo?
¿Qué dos o tres son las más potentes?
¿Qué utilidad tienen esas emociones? ¿Suman o restan?
¿En qué momento pueden aparecer emociones negativas?
¿Cuándo serán positivas?
¿Cómo superarás los contratiempos?
¿Qué hay bajo tu control absoluto a nivel emocional?
¿Qué emociones pueden vivir otros? ¿Qué se puede hacer con eso?

ÁREA DE AYUDAS: ¿QUÉ O QUIÉN TE PUEDE AYUDAR EN TU OBJETIVO?

¿Qué personas, recursos, acciones pensamientos pueden ayudarte?
¿Cuál es la utilidad real y efectiva de esas ayudas?
¿Para qué la quieres exactamente?
¿Cuándo, cómo y de qué manera solicitarás esas ayudas?
¿Qué harás si no las logras?
¿Qué entregarás a cambio de las ayudas?
¿Cómo implementarás esas ayudas en tu objetivo?
¿Qué personas son las que te prestarán ayuda?

¡GR*H#PUT..!
¿TE PUEDO HACER UNA
CRÍTICA CONSTRUCTIVA?

«Para evitar las críticas, no hagas nada, no digas nada,
no seas nada.»

Elbert Hubbart

¿ Decir lo que piensas o pensar lo que dices? Tranquilo, tú también puedes aprender dar un *feedback* sin perder los nervios ni insultar al otro.

Hace ya mucho que tuvimos que asumir la palabra *feedback* para dulcificar algo tan simple como «crítica», y es que cuando usábamos ese término, lo teníamos que acompañar de la expresión «constructiva» para que no doliese tanto. Es decir, algo así como: «Vete preparando que te voy a poner a parir. Pero tranquilo, que es por tu bien». En resumen: te critico y ya decido yo por ti, que soy el amo de las respuestas. No te preocupes, que lo que te voy a decir te fastidiará, pero no te pongas a la defensiva. Mi *feedback* es para que te vaya mejor en la vida, porque yo sé qué es lo que tienes que mejorar. Déjamelo a mí, anda.

Genial, ¿eh? El dicho de «yo me lo guiso y yo me lo como» en toda su gloria. Yo emito el juicio, pongo las pruebas y lanzo la sentencia. Y tú, claro, te la envainas.

¡Así nos va! Seguramente por ello cambiamos el concepto «crítica» por «retroalimentar» o «dar *feedback*», que queda más fino y delicado.

> **«En Coaching preguntamos de forma abierta. Buscamos que la pregunta sirva para la exploración del otro.»**

Dicho de otro modo, no se trata de verbalizar lo que aparece en la cabeza sin más, sino de pensar antes de hablar. Hacer eso implica acallar el ruido mental, deshacerse de lo accesorio y un buen número de cosas más...

Preguntas del Chef

Antes de dar un *feedback*, pregúntate cómo lo haces.

☐ ¿Has preparado tu *feedback* antes de darlo?

☐ ¿Detallas cuáles son los puntos esenciales?

☐ ¿Preparas lo que dirás y la forma en cómo lo harás?

☐ ¿Qué esperas del otro al dar el *feedback*?

☐ ¿En qué te beneficia a ti el *feedback*?

☐ ¿Es nutritivo y útil para el otro lo que vas a decir?

☐ ¿Es un *feedback* proactivo o es una queja?

☐ ¿Es un *feedback* o es una creencia tuya?

☐ ¿Validas el parecer de la otra persona tras el *feedback*?

☐ ¿Tu *feedback* es claro y directo pero empático?

Debemos clarificar que dar *feedback* o retroalimentar, no es darle a uno por el *feedback* (permítaseme la expresión), sino compartir con esa persona una visión sin juicio. No es pontificar ni caer en la retórica. Es exponer de forma clara, directa, asertiva y proactiva y dejar que luego él o ella actúen (o no) en consecuencia. *Feedback* es un regalo, no un mandato ni una sentencia inapelable. No es un consejo, sino una exposición.

El *feedback,* que debería comenzar por uno mismo, nos ayuda a modelar actitudes y comportamientos e incluso ciertos roles. Nos permite entender cómo podríamos mejorar y hacer las cosas de otra manera. Nos empuja a la reflexión y la toma de conciencia.

Además, nos faculta para aprender de nuestros errores. Por supuesto, para ello hay que bajar los humos del ego y estar en condiciones de reconocerlos y verlos como oportunidades de mejora. *Feedback* nos facilita la rectificación, la comunicación, el empoderamiento.

Dar *feedback* sí, pero... ¿aceptarlo? Ah, ¡eso ya cuesta más! Al parecer todos tenemos en nuestro interior el gen mutante de «Yo sé lo que te pasa y lo que debes hacer», que tiene el antigen «pero cuando me pasa a mí no tengo ni idea de qué ocurre, ni qué hacer y mejor que no me lo digas, no sea que no me guste». Y el gen «espera que te voy a decir lo que pienso», que es compañero de piso del antigen «pero lo que pienses tú de mí, mejor te lo callas». ¿Quién dijo que la genética era una ciencia farragosa y aburrida?

No todos los *feedback* sirven para lo mismo

Hay muchas formas de dar retroalimentación, pero en general podemos distinguir las cuatro esenciales. Como verás, el efecto no va a ser el mismo según cual utilices:

Formato «¡cuánto te quiero y qué bien lo haces todo!»

Más que un *feedback* es un halago hacia la persona y hacia el trabajo o la acción que ha realizado. Por lo tanto, poco va a mejorar o aprender si es que ese era nuestro objetivo.

Un ejemplo sería: «¡Este plato te ha quedado maravilloso, como siempre! ¡Eres un cocinero divino!»

Formato «eres genial aunque te equivoques»

Este *feedback* busca potenciar a la persona y asumir que pase lo que pase puede cometer errores. De esta forma, al «premiar» al receptor, bajamos sus niveles de ansiedad ante la crítica. Reconocemos su esfuerzo y trabajo, lo cual le seguirá dando energía y ganas aunque le digamos claramente que no es lo esperado.

Un ejemplo sería: «Eres un cocinero excepcional y le pones mimo y cariño a todo lo que haces. Sin embargo, el calamar ha quedado un poco crudo y está algo duro».

Observemos que cuando planteamos lo que debemos mejorar, en este caso el calamar, usamos el «sin embargo», que es menos agresivo que el «pero». Cuando aparece el «pero» en el *feedback,* todo lo bonito que hayamos construido antes se va por el desagüe.

Por supuesto, cuando efectuamos el comentario sobre el «área de mejora» que será la poca cocción del calamar, debemos ser empáticos y asertivos. Decir que ha quedado un poco crudo (se podría haber dicho «falto de cocción») es menos grave que manifestar «está como una piedra» o «no hay Dios que se coma esto».

Formato «es lo que quería, pese a que viene de ti»

Este *feedback* ya comienza a ser destructivo. Es tanto como decir que la persona ha acertado por azar en lo que ha hecho, ya que validamos el trabajo o la acción pero desmerecemos el esfuerzo o la persona. Esto lo veo continuamente en muchas organizaciones, donde los jefes y líderes, que de eso tienen bien poco, solo están pendientes del resultado pero no de la persona que hay detrás. No valoran el capital humano, el talento o la dedicación, solo lo bien o mal que ha salido la tarea.

> *Un ejemplo sería.* **«Qué maravilla de plato. Exquisito en textura, aroma y sabor. Está claro que hoy no has cocinado tú. ¿En qué restaurante lo has comprado?».**

Demoledor, sin duda. ¿Y si lo cocinó él? Pues muchas ganas de seguir cocinando para ti no le van a quedar...

Formato «¡hagas lo que hagas, te saldrá mal, inútil!»

Es el *feedback* más demoledor y destructivo. El que menos utilidad tiene y, en realidad, ni siquiera es *feedback* aunque se vista como tal. En este caso atacaremos la acción realizada y a la persona que se ha esforzado por ella. Al hacerlo así no estamos apoyando al desarrollo ni a la motivación (salvo la del suicidio), sino a que la persona pierda su interés en lo que hace y en el valor que tenemos sobre él.

> *Un ejemplo sería:* **«La sopa está insípida y fría, como siempre. Para esto, mejor dedícate a otra cosa. No entres en la cocina salvo que sea para envenenar a alguien».** Creo que sobran los comentarios.

¿Qué hacer con todo esto?

Pensar, reflexionar y programar. Dar *feedback* con efectividad es fácil si, además de entrenarte, te programas un poco. Las claves, además de las anteriores serán:

▶ Crear un espacio de confortabilidad.

▶ Además del lugar adecuado, elige el momento adecuado.

▶ Conéctate con la otra persona haciendo *rapport*.

▶ Estructura lo que vas a decir aplicando el NIA.

▶ Piensa muy bien qué dirás primero y qué en segundo lugar.

▶ En el caso que estés planteando áreas de mejora o temas para solucionar, ofrécete a ayudar.

▶ No recurras ni al sarcasmo ni a la ironía y sí a la educación y la cordialidad.

▶ Habla siempre en tono positivo, constructivo y proactivo. El reproche del «ya te lo dije» sirve de poco y no suma. Es enfocarse en el problema y no en la solución.

UTENSILIOS

RETROALIMENTÓMETRO

Mucho más que *feedback*, mucho más que retroalimentación. Toma en consideración lo que sientes, lo que te dicen y lo que sucede para ver de qué manera puedes sintonizar mejor con los demás y mejorar en tus acciones.

¿CUÁLES SON MIS ERRORES HABITUALES EN SITUACIONES COMO ESAS?

¿QUÉ ERRORES SÉ QUE HE COMETIDO EN LA SITUACIÓN?

¿QUÉ FEEDBACK HE RECIBIDO?

¿CUÁL ES MI PLAN DE CORRECCIÓN?

¡PONTE LAS PILAS Y NO PIERDAS EL TIEMPO!

«He fallado una y otra vez en mi vida: por eso he conseguido el éxito.»

Michael Jordan

Llega un momento en la vida en que hay que ponerse las pilas, sin excusas. Dejar la queja a un lado y emprender la acción. Sí, sé que decirlo es fácil. Sé que no estoy en tu piel y que lo que a ti te pasa es lo más importante del mundo. Por supuesto, así es. Es lo más trascendente porque te pasa a ti y quieres una solución. Pues bien, el primer paso es emprender la acción. ¿Cuál el segundo? Seguir emprendiendo la acción.

¿Un pesimista es un optimista bien informado? Creo que no. En realidad, ser pesimista u optimista no depende solamente de la información que tenemos sobre lo que está pasando, es más una cuestión de actitud. La clave reside en cómo recibimos la realidad de lo que está sucediendo (más allá de que esté bajo nuestro control o no) y de cómo interactuamos con ella.

Y sí, llega un momento, como te decía, que hay que decidir entre seguir viendo crecer la hierba o hacer algo ante lo que te pasa. Tú eliges dejar que sean otros los que tomen sus propias decisiones, te gusten o no, y resuelvan la situación, o sean incapaces de lograrlo. Por cierto, unas decisiones que te van a afectar a ti. Es cierto que también puedes elegir pasar tú a la acción. Recuerda: Coaching siempre es acción.

La ecuación de grado extremo: 3R#3P#3R= 1RP

Lo sé, lo sé. Me he quedado tan a gustito planteando la fórmula de esa ecuación. Pero verás que todo tiene su explicación. Es sencillo comprender la ecuación si imaginamos que la realidad de lo sucedido tiene dos ángulos: «lo que llega» y «lo que hago con eso». Si lo prefieres, puedes sectorizarlo por lo que «entra» en tu vida y lo que «sale» de ese resultado. ¿Más claro, verdad? ¿No? Lo suponía, las matemáticas tampoco fueron nunca lo mío.

Imagina la situación: algo sucede que te afecta y lo hace porque tiene carga emocional. Genera en ti sensaciones y emociones. A partir de esa situación tienes tres opciones de actuación, son las llamadas 3P.

Primera P: Preocupación

Lo sucedido te preocupa, que sea mucho, demasiado o en exceso ya dependerá de cómo seas tú. Para afrontar la situación primero puedes preocuparte y luego actuar o seguir preocupado. Cuando te instalas en ese valor, en el de la preocupación, dejas que todo lo que está sucediendo empiece a filtrarse a través de tu red neuronal generando ruidos, incertidumbres y más y más preocupaciones.

La preocupación, como su propio nombre indica, es lo que acontece antes de la ocupación. Por lo tanto, comprendo que si te estás preocupando por eso que te pasa o que quieres lograr, es porque después estarás en condiciones de ocuparte. ¿Qué pasará si no lo haces? No te preocupes, en seguida lo vemos.

 «La preocupación es un condimento esencial en nuestra vida.»

Desde luego que podemos y debemos preocuparnos, al fin y al cabo no somos de piedra. La preocupación no es mala. Lo negativo, lo que puede ser incluso nefasto para ti, es que se quede en eso sin más, ahí dando vueltas por tu cabeza. Lo que no debes dejar que ocurra es que pasen los días o incluso semanas y sigas dándole vueltas a tu preocupación, como en un deshoje perpetuo de margaritas, en lugar de transformarla tomando acción y ocuparte de ella desde la ocupación. Sugiero que te preguntes:

¿Qué es exactamente lo que me preocupa?
¿Lo tengo bajo mi control? ¿Cómo me está afectando?
¿Esa preocupación está cambiando algo en mi vida?
¿Esa preocupación es algo que me afecte a mí o alguien más?
¿Está en mi mano resolver eso que me preocupa?

Segunda P: Procrastinación

Ahora sí que ya estás en un segundo nivel. ¡Perfecto, has avanzado! Es maravilloso, porque no solo sabes que estás preocupado, además sabes

que «debes» o «tienes» que hacer algo. Pero no todo son buenas noticias... Curiosamente, los días siguen pasando y tú sigues sin hacer nada.
Necesitas un salto hacia adelante. Un buen día te levantas por la
mañana y, ¡vaya!, te ves con una hoja y un bolígrafo en las manos dispuesto a tomar la preocupación por los cuernos y pasar a la acción. ¡Me
inclino ante ti! En efecto, estás planificando las estructuras y estrategias.
Has esbozado posibilidades y la cabeza te da más vueltas que a la niña
de la película *El Exorcista*. ¡Qué pena que de cuando en cuando, tras
tanto reflexionar, acabes consultando con la almohada asesina, esa de
efectos paralizantes! En efecto, tu preocupación ya tiene otro estilo, otro
ámbito y ha evolucionado. La mala noticia es que lo está haciendo hacia
la procrastinación, así que ¡cuidado!, se está enquistando. No te lo puedes permitir, al menos no por mucho tiempo.

Quisiera relajar el ambiente diciéndote que, como en todo, es la
dosis la que crea o bien el fármaco o bien el veneno. Todos podemos
tomarnos un tiempo para ir aplazando las cosas. Es perfecto que lo hagas sin perder el foco, pero has de ponerle fecha de caducidad.

Ahora bien, si la procrastinación te genera es dolor de cabeza, tensión, incertidumbre, ausencia de sueño, intranquilidad o algo parecido
cada vez que piensas en lo que está por resolver, asúmelo. Procrastinar ya
no es lo que toca. No te puedes permitir más tiempo así. Ponte las pilas.

Tercera P: Productividad y Proactividad

Vale, conforme, olvidé decirte en el planteamiento de la ecuación que
en realidad eran 4P y no 3P, ya te he avisado que las matemáticas no
eran lo mío.

Producir sí, pero producir proactivamente. Producir es mucho más
que pensar, es obtener resultados y acciones que lleguen a algún lugar.
Producir es pasar a la acción. Producir no es decir «mañana me pongo», eso es procrastinar. Ahora bien, producir con cabeza, desde la
cuarta P que es la Proactividad.

Cuando pases a la acción no todo será coser y cantar. Habrá reveses
y acciones que no te van a gustar. Ser proactivo implica asumir eso,
darte cuenta de que está ocurriendo. Clarificar qué puedes hacer y
cuándo lo vas a hacer. Ser proactivos no es ver en un fallo o área de
mejora un apocalipsis en ciernes y caer en un pánico vital total. Es ver

cómo y de qué manera podemos evitar eso que sucede y luego qué vamos a hacer.

 «¡Cuidado! Proactividad no es actuar por actuar».»

No es transformarnos en hiperactivos y vivir como un pollo sin cabeza (cuya vida suele ser corta, por cierto), corriendo y atacando todos los frentes sin un objetivo claro. Ser proactivo implica tener un pie en el aquí y el ahora, en la realidad, y el otro focalizado hacia el «hacer» con toma de conciencia, con efectividad.

La persona que es proactiva sabe que se va a enfrentar a resultados que no le van a ser satisfactorios, pero no por ello deja de intentarlo. El proactivo asume la incertidumbre y la adversidad y la transforma en oportunidad. El no proactivo, lo que hace es disparar tiros al aire, abre 50.000 focos sin centrarse en ninguno de ellos. **La proactividad no es dispersión, es acción con método y concreción.**

Las Tres Erres

Ahora que estamos en la Proactividad, propongo que vayamos un momento al lado totalmente contrario. Ante un hecho que tú no controlas o incluso uno que sí controlas pero del que no obtienes el resultado que esperabas, puedes focalizarte de múltiples formas. Vamos a ver las tres más habituales:

El Formato Reactivo

Es el que nos lleva a mirar hacia fuera y no hacia dentro. Pensarás a veces que seguro que alguien tendrá la culpa de lo ocurrido y no serás tú. Y aparecerán frases en tu cabeza del tipo «hay alguien responsable de que todo esto esté saliendo mal» o «tengo mala suerte, las cosas no van bien y van a ir mucho peor».

Estas son solo algunas de las muchas frases que vamos a encontrar en la persona reactiva. El reactivo, como su nombre indica, es como un magma en perpetua ebullición, va contra todo y contra todos. Lo que le pasa jamás es por su culpa, es de lo que le rodea, el mundo, que está lleno de enemigos. Así, cuando le toca vivir un episodio adverso, en lugar de asumirlo y ver qué está bajo su control o que es responsabilidad suya, «echa balones fuera». Y así, la culpa es del vecino, del jefe, del gobierno o de ese palomo que excretó justo cuando pasaba por debajo.

 «En la acción reactiva, la queja se establece como un quiste.»

Por supuesto, es un comportamiento que no solamente supone un gran desgaste emocional y energético. Además implica un cansancio terrible. Sin embargo, cuando a un reactivo se le pregunta «¿qué puedes hacer?», Habitualmente la respuesta va a conducida hacia él: «yo no puedo hacer nada, escapa de mi control, haga lo que haga todo me va a salir mal».

El Formato Repetitivo

Es un estado evolutivo parecido al anterior pero superior, ya que podemos encontrar dos categorías: el reactivo repetitivo y el repetitivo simple. El primero es el que una y otra vez hará lo de siempre, lo mejor que sabe hacer: quejarse y culpabilizar a otros de forma continua. No hará nada que cambie su situación. Repite el patrón eternamente. El repetitivo simple es esa persona a veces se queja y a veces no. Puede que pase a la acción, que le ponga ganas, ilusión y energía a lo que hace, pero siempre hace lo mismo. No es consciente de que hay otra forma de hacer las cosas. O al menos, prefiere ir sobre seguro aplicando su sistema. El repetitivo sigue un sistema, más o menos efectivo, pero al menos tiene un método.

Es evidente que ese método y su repetición pueden ser efectivos cuando los resultados sean los esperados. Al fin y al cabo, ¿para qué cambiar nada cuando lo obtenido es perfecto? Sin embargo, siempre puede haber mejora. Dentro de nuestra perfección como supuesta especie superior del planeta, en una ocasión decidimos bajar de los árboles y mira dónde estamos ahora…

¿Qué pasa entonces cuando el resultado no es el esperado y el método es el de siempre? Sencillo, nos abocamos al fracaso.

«El repetitivo comete el error de no detenerse a inspeccionar qué otro procedimiento puede probar.»

Por tanto, sigue navegando en su propio «océano rojo», ese que ya está gastado de tanto ir a pescar en él y que no es útil para sus propósitos.

El Formato Resiliente

Esto sí que es otro nivel. Recordemos que la resiliencia procede de la capacidad que tienen ciertos metales de haber sido manipulados y después volver a tener su forma original. Sin embargo, es evidente que tras un cambio, nada queda inalterable para siempre. Podemos hacer un agujero en una puerta con un martillo y un clavo. Después podemos utilizar tenazas para sacar ese clavo con sumo cuidado para no rayar la puerta. Una vez extraído aplicaremos un poquito de masilla, taparemos el agujero y (no entiendo mucho de bricolaje) y luego pondremos barniz y esas cosas.

Sí, hemos hecho una obra de arte. Desde fuera, visualmente, la puerta no está afectada. Esta como nueva, y con todo el proceso descrito hasta mejor que cuando la compramos. Pues no, la puerta tiene un agente extraño en su interior: la masilla. La puerta ha «vivido», pese a no tener sentimientos ni emociones, el impacto del clavo y por supuesto todo el proceso de recuperación. En el caso del resiliente sucede de forma parecida. Claro que le afecta lo ocurrido, pero encuentra la forma de repararlo, integrarlo y salir adelante.

El resiliente se adapta, consigue cambiar, establecer patrones y medidas que le permitan ir evolucionando con los tiempos y adaptándose a las circunstancias. Jamás pierde la fe. Sigue adelante, paso a paso, avanzando. Su resiliencia le llevará a ver la realidad tal cual es. Le conducirá a entender que hay circunstancias y vivencias que no están saliendo como esperaba. Frente a eso, su resiliencia le empujará a ver qué está fallando y qué patrones o conductas debe aplicar para que eso pueda mejorar. El resiliente es alguien evolutivo porque sabe que repitiendo lo que ya hizo una vez no será suficiente. Se adapta y no gasta energía en pensamientos inútiles, sino que supera los procesos de pérdida con acción consecuente.

A partir de todo lo que hemos visto, sobre estos condimentos del comportamiento que puedes añadir o no a tu Sopa Vital de Fideos, el resto lo dejo en tus «sabias manos». Tú decides si investigar o no cuáles son tus formas de actuar y cuáles son tus maneras de reaccionar. Desde luego, por suerte, todos podemos implementar esas R y P en nuestro día a día. Puede que haya una que nos domine más que otra pero, conociéndolas, podemos «domesticarlas». ¿Qué puedes hacer? No tengo el secreto pero sí una pista...

La efectividad, el bienestar o el éxito de nuestras acciones dependerán de la justa y equilibrada combinación de la R de la Resiliencia y la P de la Proactividad. Al final el método que nos da resultados (aunque no los garantiza al cien por cien) se sustenta en el equilibrio de la R de resiliencia y la P de proactividad. Casi podría decirte que el resiliente proactivo, o viceversa, es lo más similar a un superhéroe de Marvel: vive la realidad, se adapta ella y enfoca sus acciones en positivo.

Por tanto, insisto, tú decides cuantos de esos condimentos aplicarás a los reveses o acciones que emprendas.

Y por si acaso no hay bastante...

Otras variables de la ecuación anterior, que a veces aparecen en interacción o intromisión con las R y las P son tres pseudopatologías (a cual más peligrosa) que pueden paralizar acciones y generar ruidos mentales: Ysiofrenia, Esquezofrenia y Tengoquenia.

La Ysiofrenia

No busques en Google. No existe. No hay vademécum médico que aluda a esta patología. Es un invento mío para determinar una de las conductas que nos paraliza, genera ruido y no sirve para nada.

La ysiofrenia es ese agente contaminante que aparece en nuestra mente antes de hablar, compartir o incluso preguntar. El ysiofrénico se focaliza más en el qué pasará o qué le dirán que en los hechos en sí mismos. Como resultado, sus acciones vienen coartadas y delimitadas por: «¿y si no le parece bien?», »¿y si no le gusta?», «¿y si se enfada?», «¿y si no le caigo bien?», «¿y si no es el momento?»... ¡Podría escribir un libro solo de «y sis»!

Esta patología es muy paralizante y la podemos ver manifestada en las conductas repetitivas y preocupantes. La solución o el antídoto son fáciles. Aunque podemos aplicar el Triple Filtro de Sócrates que veremos más adelante, lo ideal es ir a lo sencillo: ¿Qué controlas y qué no de todos tus «y si...»?

La Esquezofrenia

De nuevo otra patología inventada para determinar el agente que suele ser el causante de la parálisis procrastinadora, pero también de ciertas manifestaciones reactivas. El «es que...» es el preludio a lo que no voy a hacer o no voy a decir: «es que si hago esto quizá...», «es que la culpa de todo esto es de...», «es que si sale mal...», «es que tal vez...»

El esquezofrénico utiliza expresiones precedidas de «es que» como antesala de lo que cree que pasará cuando hablamos de acciones y cuando hablamos de sus creencias.

De nuevo la solución fácil: acción, cambio y control.

La Tengoquenia

Es una de las dolencias más determinantes de los procesos de procrastinación, pero también de autoobligación. La persona que con mucha frecuencia «tiene que...» se está obligando cada vez que habla. Se está generando una programación neurolingüística destructiva y de tensión. Se está recordando lo que «tiene» que decir, hacer o pensar. Y así le va, autoprogramando su vida en obligaciones, no en placeres o deseos. Esto es sencillamente porque cuando uno «tiene que» hacer lo que sea, es porque algo le obliga. De lo contrario, «querría», «desearía» o sencillamente «haría».

¿Cuál es el antídoto? Tomar conciencia de que cada vez que recurrimos a expresiones como esas para empezar a decir lo que queremos, en lugar de lo que supuestamente nos obligamos.

UTENSILIOS

DISPERSÓMETRO
¿QUÉ ME HACE PERDER EL FOCO O PERDER EL TIEMPO?
¿CUÁL ES MI PLAN DE CORRECCIÓN?
¿QUÉ ELEMENTOS HE INCORPORADO A MI AGENDA QUE NO ESTABAN PREVISTOS?
¿CUÁL ES MI PLAN DE CORRECCIÓN?
¿QUÉ ME GENERA RUIDOS EN LA CABEZA?

¿MATEMÁTICAS VITALES?

«Si no te gusta cómo son las cosas, cámbialas.»

Jim Rohn

Sopitas de Coaching para saber
contar personas que suman.

Salvo que seas un náufrago o alguien antisocial a lo largo del día vas a interactuar con numerosas personas. Muchas formarán parte de tu círculo habitual, de tu red social, virtual y real. Otras se incorporarán a tu vida. ¿Dirías que tienen una relevancia similar? Está claro que no.

En Coaching aplicamos la normativa básica de las cuatro reglas: sumar, restar multiplicar y dividir. Pero no con números, sino con acciones y personas.

¿Te ha pasado alguna vez que tras un encuentro a priori sencillo y normal tu energía vital quedaba resentida? A veces quedamos con una persona o varias y en ocasiones, pese a que el encuentro ha sido agradable y cordial, estamos como si nos hubiera pasado una apisonadora por encima. ¿Qué ha pasado? En el mejor de los casos has estado con una persona activa, de las que te multiplica. En el peor, has conocido a alguien que es neurotóxico o cuanto menos «vampiro psíquico», esa persona que con su presencia lo inunda todo. Hable o calle, el simple hecho de estar junto a él/ella genera que tus neuronas se alteren.

Antes de llamar al famoso Van Helsing o a los Cazafantasmas, la próxima vez que te topes con esa persona prueba otro remedio mucho más eficaz: detéctalo y no permitas que su influencia te afecte.

 «El vampiro psíquico suele ser de naturaleza reactiva y repetitiva en su conducta, pero además es contagioso a nivel mental y emocional.»

Y por si fuera poco, destila una energía, una forma de ser y hacer, que puede convertir lo que toca en un caos o en la desazón y desánimo más profundo. Te lo aseguro, existen, las empresas están llenas de ellos (los organismos gubernamentales también). No podemos hacerles cambiar o es muy difícil lograrlo. Pero sí puedes decidir qué vas a hacer tú con respecto a su influencia. Además de alejarte de esa persona (norma básica n° 1), lo que debes alejar de tu mente son los pensamientos o sensaciones que te provoca. ¿Para qué vas a pensar en lo que te ha dicho? ¿Para qué gastar ni un segundo de tu tiempo en reflexionar sobre esa persona? Es una batalla perdida.

Aplicar las matemáticas del Coaching en estos casos es muy útil. Veamos las cuatro reglas.

Personas que suman

Son las que te acompañan con su actitud, pensamiento y sobre todo con sus palabras. Generan vínculos y *rapport*, te hacen sentir comodidad y hasta complicidad. Son personas que aportan ideas, favorecen una buena relación y utilizan la resiliencia y proactividad como comportamiento habitual. ¿Tienen problemas? Claro, como todos, pero los enfocan desde un prisma que ayuda a sumar.

Cuando estás con las personas que te suman, te sientes a gusto con ellas. Notas que te conocen y te escuchan. Esas personas deben estar cerca en tu vida. Debes propiciar conversaciones con ellas porque tenerlas cerca te ayuda a seguir funcionando. Son un regalo.

Y ahora olvídate de las personas y enfoca tus pensamientos, sueños, proyectos y acciones… ¿Te suman? ¿Te dan valor? ¿Te ayudan a crear? ¿Eres tú una persona que suma a los demás? ¿Cómo lo haces?

Personas que restan

Son muy parecidas a los vampiros psíquicos, pero menos potentes. Como si estuvieran «entrenando» para ser uno de ellos. Son esas personas que te frenan, dispersan y hacen que inviertas tiempo y energía en cosas que ni te interesan ni tampoco te ayudan. ¿Son personas tóxicas? En parte, sí.

Son esas personas de baja resistencia y desarrollo emocional. Casi todo les hace sufrir y ese padecer te lo contagian con sus palabras, miradas, acciones. De hecho, cuando estás con ellas y te están contando algo, sientes que quieres salir de ese lugar. No es lo que les ocurre, es cómo te lo explican y cómo lo viven. Son los habituales ysiofrénicos y esquezofrénicos de los que ya te he hablado. En resumen, son paralizantes y restan.

Y dejando al lado a las personas, hablemos de ti. ¿Cuándo eres paralizante? ¿Cuándo te restan tus palabras y pensamientos? ¿Cuándo restas a los demás?

Personas que multiplican

Son altamente proactivas y propositivas, además de muy resilientes. Su conducta, forma de hablar y ser, las convierte en energía pura.

 «Es ese tipo de persona que te ayuda no solo a sumar, sino a ir más allá, a expandirte.»

Al estar con ellas las ideas parecen crecer exponencialmente, las soluciones emergen como un torrente. Por eso una conversación con una persona así es como un soplo de aire fresco.

Qué lástima, no todo es tan positivo. Multiplicar, sí, pero ¿hacia dónde? A veces la energía vital o conducta de esas personas hace que no tengas capacidad de determinar y pierdas el foco. Está claro que debes tener cerca a esas personas, pero luego no olvides pasarles el filtro de la utilidad, pues de lo contrario, si tú no eres como ellos, el estrés va a llamar a tu puerta.

Y tú, lector/a, ¿eres un agente multiplicador en tus ideas y pensamientos? ¿Creas y multiplicas o por el contrario dispersas?

Personas que dividen

Son los grandes disgregadores de la posibilidad, disipadores de la toma de conciencia, del tiempo, la atención e incluso de la fuerza de voluntad. Son auténticos vampiros psíquicos porque no solo frenan tu tiempo de acción efectiva, además te abren miles de frentes, a cual más aciago y devastador.

Todo tiene una utilidad aunque no lo creas

El hecho de que existan estas distintas tipologías no indica que uno se vea inscrito en solo una de ellas. Dependerá de la realidad que estemos viviendo, del foco y de la energía que le ponemos a nuestras metas. Puede que también dependa de las competencias que tengamos a la hora de abordar con más o menos seguridad un tema u otro.

Todos podemos tener en un día una actitud de vampiro psíquico. Todos podemos ser o tener una conducta que nos esté restando o que nos esté dividiendo. La clave está en analizar en qué fase estás y hacia dónde te conduce lo que estás haciendo. Pero también está en analizar hacia dónde le conduce a la otra persona eso que estás haciendo.

A pesar de que a nuestro alrededor tenemos personas que pueden cumplir cualquiera de los cuatro parámetros descritos, esto no es matemática real... A veces los que suman también restan y los que restan pueden sumar. ¿Matemática absurda? No, esta es nuestra realidad: todo depende de cuál sea el objetivo y de para qué es útil esa persona.

Sumar en positivo no es solamente que te doy ideas, te animo y te ofrezco puntos de vista que te hacen ir más allá. Lo que hago y lo que digo te permite avanzar. Sumar en negativo implica que te anime y empuje para que sigas adelante, pase lo que pase, con tanto entusiasmo que quizá no te atreverás a detenerte. Ese empuje, esa suma, puede ser tan fuerte y tan directo que en vez de llegar a la meta, caerás por un abismo. Por eso en personas que suman, y más todavía en las que multiplican, debemos evaluar si esos consejos están dotados de la suficiente reflexión, veracidad y objetividad. Recuerda que en la vida no todo es un «¡Sí se puede, allá vamos!». Asaltar los cielos carece de sentido cuando uno no tiene alas.

Vayamos al otro lado: restar restando o restar sumando. Cuando tienes una ilusión o un elemento muy asentado en tu cabeza, tienes ganas de llevarlo a cabo. Tu motivación es alta y por tanto nada ni nadie puede pararte. Quieres hacerlo pero aparece esa persona que resta. Digas lo que digas y hagas lo que hagas, no estará conforme. No lo verá claro y te desanimará. O no le gustará. Tus proyectos, sueños y metas, para ella no tienen relevancia. Seguramente te darás cuenta después de contárselo: has perdido el tiempo. Es más, puede que te ocurra que ni siquiera se lo quieras contar porque tú ya intuyes o ya sabes que siem-

Pedro Palao Pons

pre que le te explicas una de tus novedades al final sus comentarios te deprimen.

Sin embargo, como suele decirse, «no todo el monte es orégano» y puede que tú tengas la percepción de que la persona te está restando cuando en verdad te está dando un punto de reflexión. El hecho de que alguien sea pensativo y reflexivo, que te diga «para un poco y piensa» o que ralentice tus procesos confrontándote, lo convierte en alguien que necesita utilizar diferentes esquemas de los tuyos. Quizá pueden darte muy buen resultado. La resta de estas personas a veces es fugaz y temporal. Sus puntos de vista son necesarios porque nos revelan elementos que nosotros, presos de la ilusión y las ganas, no habíamos sabido ver. Por tanto, a pesar de que es una persona que frena o ralentiza la acción, quizá conviene tenerla cerca por su objetividad. Te permitirá acelerar más adelante.

Crea tu Comité de Sabios Expertos

Cuando tengas una idea o debas tomar una decisión, piensa a qué persona acudirías en función de la matemática del Coaching, pero también en base a su experiencia y a sus puntos de reflexión. Piensa quién te impulsaría para darte ideas y acción. Quién te puede dar objetividad. Hay quien te anima mucho pero a la hora de la verdad te apoya poco. Y hay quien, con su ánimo, dedicación y buenas palabras, te está empujando más de la cuenta, quizá practicando una excesiva prisa que tú en este momento no necesitas. Por supuesto, piensa quién es mejor que no sepa lo que estás haciendo o quieres hacer, ya que sus palabras generarán desánimo, freno y desazón. Apóyate y busca ayuda en los que más sumen y menos resten.

¿Neurosostenible o neurocontaminante?

No busques los términos, bueno hazlo si quieres, es cosa tuya, pero ya te advierto que son inventados. Así, a ojo, tenemos unos 86 mil millones de neuronas en una coctelera que llamamos cerebro, que consume unos 36 litros de sangre cada hora y entre un 20 y un 25% de la energía del organismo. ¿Para qué te lo cuento? Por si te has parado a pensar en qué gastas todo eso.

Podemos elegir entre consumir la energía cerebral en rencores, dolores, rabietas, suposiciones o quejas, en cuyo caso nos convertimos en «neurocontaminantes», o podemos decidir invertir nuestra energía cerebral en asuntos más «neurosostenibles», como por ejemplo disfrutando, sonriendo, creando, evidenciando, asumiendo y proyectando hacia terrenos que nos ayuden a estar mejor. A título de reflexión, para que analices cómo son tus pensamientos y acciones y puedas vincularlos con lo que hemos visto de las matemáticas, te dejo unas preguntitas:

▶ ¿Para qué te sirve quejarte del atasco y fastidiarte por la hora en la que llegarás? ¿Acaso puedes teletransportarte?

▶ ¿Para qué te sirve intentar interpretar el motivo de la mala cara de tu jefe si de antemano piensas que es un amargado de la vida?

▶ ¿Para qué te sirve lanzar un insulto al ordenador que no funciona si no puede escucharte?

▶ ¿Para qué te sirve pensar si haces lo correcto si ya has pasado a la acción llevado por un ímpetu irreflexivo?

▶ ¿Para qué te sirve elucubrar preocupadamente si saldrá bien o mal si sabes que los resultados no solo dependen de ti?

▶ ¿Para qué te sirve preguntarte «qué ha querido decir», si por temor a la respuesta no te has atrevido a preguntar?

▶ ¿Para qué te sirve pensar si está siendo sincero si tú crees de antemano que te engaña?

▶ ¿Para qué te sirve pensar «qué será de mi vida» si no haces nada por mejorarla?

▶ ¿Para qué te sirve decir todo eso que dices con rotunda solemnidad si ni tan siquiera lo crees?

Es cierto que la plasticidad neuronal se logra, pese al paso de los años, gracias a la proliferación de las conexiones neuronales. Es cierto que las preguntas y reflexiones nos ayudan pero... ¿qué plasticidad quieres en tu vida, la neurocontaminante o la neurosostenible?

EL TRIPLE FILTRO DE SÓCRATES: BÁSICO COMO LA SAL EN LA SOPA

«Deja que cada quien ejerza el arte que domina.»
Aristófanes

Sopitas de Coaching para evitar
ruidos mentales.

Cuenta la historia que cierto día, Sócrates (sí el filósofo que no era Coach) estaba con sus cosas, es de suponer que escuchando esa voz interior al que él se refería como daimon (espíritu) y que le inspiraba y le ayudaba la reflexión. Por cierto, una voz interior que enmudeció cuando Sócrates fue juzgado. A consecuencia de ello acabó condenado a muerte mediante la ingesta de cicuta. Pero esa es otra historia.

Te contaba que, según la historia, nuestro querido filósofo recibió la visita de uno de sus discípulos. El joven se personó ante Sócrates lleno de preocupación. Con la voz agitada, le dijo: «Maestro, acabo de escuchar algo terrible sobre ti».

Sócrates lo miro tranquilamente y le respondió: «Perfecto, pero antes de explicarme lo que escuchaste sobre mí, quiero que apliquemos lo que yo llamo el Triple Filtro». Es de suponer que el pupilo lo que quería era contar lo había escuchado. Eso era importante y vital para él. Sin embargo, Sócrates, sin perder ni un ápice de su calma o su paz interior, (todo esto me lo invento porque yo no estaba allí, pero es para darle más misterio a la cosa) le dijo:

 «El primer filtro es el que yo llamo de la Veracidad.»

«Dime, pupilo, ¿estás absolutamente seguro de que eso que te han contado sobre mí es veraz?» El alumno lo miró confundido y le dijo: «No, Maestro. No tengo ninguna certidumbre al respecto».

Tras aquella respuesta, Sócrates le dijo: «Muy bien, entonces me vas a contar algo sobre mí que no sabes si es cierto. Sigamos, apliquemos el filtro de la Bondad. Eso que me vas a contar sobre mí, que no sabes si es cierto, ¿es algo bueno?» Es de suponer que a estas alturas el pupilo ya estaba un poco nervioso. Empezaba a arrepentirse de quererle contar lo que había escuchado. Respondiendo a Sócrates, le dijo: «No, Maestro. Yo diría que más bien es algo malo». A lo que Sócrates respondió: «Muy bien, entonces apliquemos el tercer filtro, el filtro de la Utilidad. Dime, discípulo, eso que escuchaste sobre mí, que no sabes si es cierto y que además no es bueno, ¿me puede resultar útil? El discípulo, ya abatido, reflexionó y su respuesta fue: «No, Maestro, no le será de utilidad».

Tras aquella última respuesta, Sócrates ya tenía toda la información que necesitaba antes de aceptar una noticia, con lo cual resolvió decirle a su discípulo: «Si tienes algo que decirme que no sabes si es cierto, que además no es bueno y encima no me resulta útil, ¿para qué quiero saberlo? Mejor no me lo cuentes, amado discípulo».

Desafortunadamente, salvo que viajemos en el tiempo, no tenemos una constancia de audio ni vídeo que certifique que la historia de Sócrates con su discípulo (una de tantas que se cuentan) sea cierta, pero aplicando el triple filtro y saltándonos el primer paso (la veracidad), es una buena historia para aplicarla en nuestro día a día como condimento, casi esencial, en nuestras conversaciones y reflexiones.

 «El rumor es como una metástasis en el mundo de las ideas y los pensamientos.»

Nace, crece y se reproduce a una velocidad de vértigo en el ser humano. Lo he visto cientos de veces en procesos corporativos con frases como «dicen que van a haber despidos», «he oído que las cosas no van bien», «según parece, los accionistas van a tomar medidas tajantes para intentar paliar la crisis». No hay validación de la realidad. «Dicen» ¿Quién lo dice? ¿Qué es exactamente lo que se dice? ¿Qué pruebas tenemos de que habrá despidos? «Has oído». ¿Qué es exactamente lo que has «oído»? ¿Lo que has validado? ¿Qué cosas son las que «no van bien»? «Medidas» ¿Qué «medidas» tomarán los accionistas? Pero dado que el rumor es tan ambiguo y puede afectar a la seguridad laboral de mucha gente, se expande como la pólvora.

Yo creo que el Triple Filtro de Sócrates, en casos como los anteriores, pero también aplicándolo al tema personal, es como la sal: debería estar en todas las sopas y platos (salvo que tengas hipertensión, claro). Es uno de esos elementos esenciales que debemos llevar a todas partes para quitarnos muchas preocupaciones de la cabeza. Piensa en tu última semana, ¿cuánto de lo que te han dicho te resulta útil? ¿Cuánto de lo que has escuchado es bueno para ti? ¿Cuánto de lo visto, escuchado o leído es cierto?

Aplicar el Triple Filtro de Sócrates te será de gran ayuda en reuniones y conversaciones y también cuando estés a solas proyectando o decidiendo qué hacer. Su manejo es muy sencillo. Toma una hoja de papel y traza tres líneas verticales. En la primera escribe lo que sí es cierto con total seguridad, en el segundo anota lo que es bueno y luego lo que es malo para ti. En la tercera determina qué es útil de todo eso. Luego, actúa en consecuencia.

Algunas preguntas que te ayudarán serán:

▶ ¿Cuánto de verdad tiene eso que ocupa mis pensamientos?

▶ ¿Qué pruebas tengo de ello?

▶ ¿Qué puedo hacer para tener más información y verificar lo que sí es real?

Y ahora aplica en el filtro hacia fuera:

▶ ¿Estás siendo absolutamente sincero con esa persona?

▶ ¿Le estás dando toda la información esencial o estás ocultando algo?

▶ ¿Estás mintiendo? ¿Para qué lo haces?

▶ ¿Qué te lleva a ocultar una parte de la información? ¿Cuál es tu beneficio al hacerlo?

▶ ¿Eso que está ocupando lugar en mi mente es bueno o malo?

▶ ¿Eso que me han dicho me suma o resta?

Cuando pienses, proyectes o diseñes una conversación, incluso en el transcurso de una acción, pregúntate si estás haciendo todo lo que puedes hacer por ser veraz, propositivo y útil o solo te estás dejando llevar. La diferencia es sencilla, hacer todo lo que puedes hacer implica que has tomado conciencia de cuáles son tus competencias, recursos y ganas para llevar eso adelante. Dejarte llevar, además de improvisar, es tanto como poner en manos del otro, o del destino, lo que pueda suceder.

Y por último, vayamos a la utilidad de esta famosa «sal». En otro apartado ya te he hablado de la necesidad de «vaciar los desechos de la mente», aplicar el Triple Filtro te puede ayudar mucho a «reorganizar» que es y qué no es preciso lanzar a la basura.

¿QUIÉN ERES TÚ?
¿QUIÉN ES TU AVATAR?

«La vida es un 10% lo que ocurre y un 90% cómo reacciono ante ello.»

Carles R. Swindoll

Tú no eres tú, eres muchos. Pero antes de que llames corriendo a tu terapeuta pensando que tienes problemas, te aclaro las cosas: cada uno de nosotros tiene lo que llamamos una personalidad. Sin embargo, la forma de mostrarla varía según el objetivo. Dicho de otro modo, somos cambiantes y actuamos desde roles diferentes según nuestras intenciones. E incluso, podemos añadir, según a quién tengamos delante.

En el Análisis Transaccional (teoría psicoanalítica creada por el psiquiatra Eric Berne) todo lo que pretendemos y hacemos en la vida, así como la forma que tenemos de llevarlo a cabo, está sujeto a unos roles o formas interpretativas. A esto le podemos añadir que todos ejercemos unos roles de tarea (padre, jefe, amigo, líder, etc.) y otros de actitud, (creativo, salvador, perseguidor, etc).

¿De qué dependen estos roles? Básicamente de cómo organizas los acontecimientos y las expectativas. Por ejemplo, desde tu rol de amante puedes ser pasional y entregado o receloso y frío. Todo dependerá de cómo estés viviendo tu relación y de cómo sea lo que percibas de ella. Tanto lo evidente como lo que no. Lo siento, clarificar por qué tienes celos o los generas es mucho más complicado. Eso no lo vamos a abordar ahora.

Sí, somos actores, incluso cuando no queremos engañar a nadie ni obtener nada de los demás. Ahí está la clave: nuestros actores (roles de actitud) se suelen manifestar muchas veces sin que sepamos que están en escena. Y lo peor de todo, sin que tengamos claro qué se esconde tras ellos.

Tu director de escena

Cada vez que nos enfrentamos a una situación que tiene carga emocional, se genera un pequeño caos en nuestra particular compañía teatral. Tu cerebro, cual director escénico, debe determinar qué actor saca a la palestra en ese momento. Y lo hace rigiéndose por patrones de interés, un interés que no siempre es el que tiene tu conciencia ni el que requiere la situación. Por tanto, tu dramaturgo interior es subjetivo.

Veámoslo en una situación cotidiana: ¿qué hace que cuando estás en la caja del supermercado e intente colarse una inocente abuelita, la ignores o la dejes pasar? ¿Qué roles implementa ella al intentar pasar por caja antes que tú? Tú piensas «¿a qué viene tanta prisa? Si al fin y al cabo ella no tiene vida y yo sí». Pero ella, como tú, tiene sus prioridades y puede que intente pasar por delante tuyo para satisfacer su rol de «vencedora» o de «superviviente». Y al salir del establecimiento piense «otro niñato al que he vencido, no estoy perdiendo facultades». O puede que quiera saltarse la fila porque también tiene prisa por llegar a su casa antes de comience el capítulo del culebrón que sigue con la misma emoción que tú los *likes* de tu Instagram. No lo sabemos, pero han aparecido roles en escena, roles de comportamiento que se basan en un parámetro muy simple: ¿qué obtengo a cambio de…?

Y ese obtener, ese ganar o perder, es lo que llamamos transacción. Metafóricamente, pierdes al perder la razón, cuando no se logran tus objetivos, cuando quedas en segundo lugar o cuando aquello que esperabas no se produce. Ganas cuando obtienes algo a cambio. En ambos casos sucede lo mismo, tu cerebro genera química endógena, produciendo bienestar o malestar según lo ocurrido.

Imagina que pudieras hacer como en la película *Avatar*. Imagina por un momento que pudieras conectarte a diferentes elementos técnicos y adoptar determinado rol y conducta (la apariencia azul, alta y esbelta no entra en este apartado). ¿Crees que es ficción? No lo es. Lo estamos haciendo continuamente sin necesidad de efectos especiales. Con la sonrisa, el tono, la palabras y las acciones que hacemos. ¿Acaso me vas a decir que le hablas con el mismo cariño y mirada de ternura a tu jefe que a tu pareja? ¿Al policía que te acaba de multar que al carnicero que te dice que no han traído la carne que esperabas?

Ahora imagina que pudieras «domesticar» a ese actor ¿Qué pasaría si a la hora de hablar, discutir, clarificar, interactuar o solicitar pudieras hacerlo controlando la situación o al menos influyendo al máximo en ella? ¿Cómo te haría sentir eso? No es magia. Tampoco se trata de interpretar un papel, los recursos ya están en ti, solo tienes que ajustar tu director escénico.

Más allá de dicotomías neuronales, extrañezas (cada uno tiene la suyas) y alteraciones variadas de la personalidad, somos muchas formas en un mismo «envase«. La clave está en saber distinguir cada una en su momento y saber aprovechar las virtudes de cada una. Seguramente, si nos pidieran definirnos en una sola palabra, resultaría bastante complicado. Si además nos dijeran que esa palabra debe clarificar cómo nos encontramos en un momento determinado, la emoción que estamos sintiendo y por aquello de complicarlo un poquito más, hacia dónde estamos proyectando nuestra energía o intención, quizá a más de uno le explotaría el cerebro.

Piensa por un momento: ¿eres la misma persona cuando hace algo agradable que cuando realiza algo desagradable? ¿Cómo te sientes cuando tienes que dar un consejo? ¿Cómo te sientes cuando al mirar por la ventana ves algo que te gusta o que resulta interesante?

Reajustándote sin caer en la mutación

Sí, tienes que reajustarte, pero ya verás que es algo muy fácil. El reajuste, más que un condimento, es una forma de rectificación de la Sopa. A veces, debemos añadirle algún elemento más aromático, un colorante, otro ingrediente de última hora, etc. En este caso, la sopa más o menos ya la tienes: tú, tus pensamientos y actitudes, además de competencias y conocimientos. Perfecto. Ahora la pregunta es: ¿cómo los vas a combinar para que todo sea lo más exitoso posible? No olvides tener presente que no es controlable que la sopa guste o no a quien la prueba.

En Coaching, como en la vida, todo comienza por el principio. Hay un punto de partida (como vimos al hablar del *GAP*) que nos debería conducir hacia el objetivo, al menos cuando sabemos qué es exactamente lo que queremos. Como que todavía no hemos arrancado, a eso le llamamos «Situación Actual» (SA) y al punto que queremos llegar lo llamamos «Situación Deseada» (SD).

A lo largo de tu día la mayoría de SA y SD se suceden de forma automatizada. Si tienes sed, bebes y no hace falta que vayas al Coach para eso. Si tienes sueño, duermes o tomas café. No tienes que esforzarte mucho en hacer cambios en tus actores internos. Sin embargo, cuando la cosa adquiere mayor trascendencia, acudimos a la ayuda de alguien.

Ahí es cuando las herramientas de Coaching van a resultar útiles. En este caso el avatar te ayuda a llegar mejor y con más eficacia a la otra persona o a una meta. Solo deberás reajustarte y, en el peor de los casos, implementar ciertos recursos que puede que no estén en ti, sino en otros.

El actor que hay en ti

Imagina que te vas a convertir en un avatar de ti mismo. Es una metáfora, solo debemos decidir qué debe tener este avatar en la cabeza, en el corazón, en las manos y en los pies. Veamos:

Cabeza

Representa tus conocimientos, lo que sabes y lo que no para poder abordar tus objetivos. Por lo tanto, pregúntate:

- ¿Qué debe haber en tu cabeza?
- ¿Qué conocimientos tienes sobre eso?
- ¿Qué competencias o habilidades de acción necesitas para tu objetivo?
- ¿Qué te falta y cómo puedes lograrlo?
- ¿Qué tienes en la cabeza que no es controlable y qué sí?
- ¿Qué es lo que debes tener en tu cabeza para llegar a la otra persona/objetivo?

Corazón

Representa tus pensamientos y emociones, por lo tanto debemos poner en el corazón los sentimientos, la ética y nuestros ideales.

▶ ¿Con qué emoción debes trabajar hacia tu objetivo?

▶ ¿Qué emoción te puede resultar perjudicial? ¿Cómo puedes controlarla?

▶ ¿Qué temes? ¿Es veraz o te lo imaginas? ¿Cómo te enfrentas a eso?

▶ ¿Qué actitudes a nivel mental debes tener presentes y cuáles debes obviar, anular o controlar?

Manos

Representan la acción, el comportamiento. Además de tener una actitud mental, debes tener una forma de actuar que vaya en sintonía con lo que buscas. Para eso pregúntate:

▶ ¿Cómo vas a expresar lo que piensas?

▶ ¿Cómo vas a abordar la consecución de tu objetivo?

▶ ¿Cómo te debes comportar en esta situación?

▶ ¿Qué recursos de actitud tienes para conseguir tu objetivo y conectar con las personas implicadas en él?

▶ ¿Qué acciones y actitudes pueden restarte? ¿Qué puedes hacer con ellas? ¿Cómo lo vas a hacer?

▶ ¿Hay alguna línea roja que no puedes permitir que otros pasen o que tú no puedas pasar?

Pies

Representan tus pasos hacia el objetivo, el ritmo o velocidad que implementarás. Los pasos son como las micrometas, deben ser fragmentados, certeros y efectivos.

▶ ¿Hacia dónde deben ir tus pasos para llegar a la otra persona/objetivo?

▶ ¿Qué pasos pueden ser peligrosos? ¿Qué vas a hacer con ellos?

▶ ¿Qué pasos te darán seguridad y certidumbre?

▶ ¿Qué pasos pueden generar desorientación o que te pierdas por el camino?

▶ ¿Cómo deben ser tus pasos pensados en micrometas?

▶ ¿Cuáles son los tres primeros pasos que tienes que dar en esa situación?

Recuerda:

El avatar varía, cambia y se ajusta en función de cuál sea el objetivo o la persona con la que conectarás. Ajustarlo no solo te ayudará a lograr mayor conexión y *rapport*, te permitirá centrarte en lo importante y mantener conversaciones o desarrollo de proyectos con más efectividad. Ten presente que el avatar o su construcción debería hacerse siempre desde la proactividad y la resiliencia, aunque a veces debas repetir actitudes. ¡Mucha suerte con tu mutación!

¡SOPAS PARA 14 DÍAS!

«Si puedes soñarlo, puedes lograrlo.»
Zig Ziglar

S i has llegado hasta aquí, felicidades y gracias por tu paciencia. Espero que hayas tenido ocasión de hacer introspeccción y que ya estés utilizando las claves, procedimientos y herramientas que has visto en las páginas anteriores. Todo lo anterior te servirá para preparar tu maravillosa Sopa de Fideos que, ya ves, quizá sí que tenía algún que otro secreto. Pues bien, nos faltan algunas recetas. De hecho, más que recetas, algunas preguntas. En este apartado te vas a encontrar con muchas preguntas que pueden servir para ti o para que tú las implementes en diferentes situaciones, añadiendo lo mucho que ya sabes de esto del Coaching.

Y quizá te preguntes, ¿no se habrá equivocado el autor presentando 14 días cuando los retos y ciclos que se hacen virales siempre son de 21? Pues mira, no. No me creo los retos de 21 días. Es cierto que en algunos casos 21 días es el número «mágico» para generar cierta consistencia, pero tardes 21, 14 o 38, lo importante es que generes consistencia. Y particularmente me quedo con 14. ¿El motivo? Son dos semanitas de nada.

Te cuento, por si no lo sabías, que tras esto de los 21 días hay mucho mito. El concepto, un poco ya viejo, surge del neurocirujano Maxwell Maltz (1889-1975), quien se dio cuenta que tras las operaciones de cirugía plástica, la mayoría de sus pacientes tardaban 21 días en acostumbrarse y aceptar los cambios realizados. Ese tiempo es también el que muchas personas tardaban en dejar de sentir sus miembros-fantasma tras una amputación.

Maltz defendía que el cerebro establecía patrones de conformidad sustentados en diseñar una realidad. Y que cuando acontecía un cambio real y físico, el cerebro tardaba esos tiempos en «redibujar» y «reacomodar» la nueva realidad. Una novedad que por supuesto generaba también un cambio de hábitos.

Está claro que nuestro cerebro necesita economizar y generar hábitos para tener lo que llamamos costumbre. Eso es muy ahorrativo, pero no es exacto. Hay personas que ni en 21 años serán capaces de cambiar nada en su vida. Sea como fuere, muchos grupos de autoayuda y creci-miento personal (y también en Coaching, hay que reconocerlo), han utilizado ese concepto de los 21 días como gran arma, pero insisto: todo depende de ti, de tus rutinas, convencimientos y motivación. De hecho, si no hay motivación e ilusión, lo más seguro es que no funcione.

Tu reto serán preguntas

Te advierto que seguir las recetas de estas sopas (hacerte las preguntas) no siempre será fácil. Puede que tampoco agradable. No va a ser un camino de rosas ni habrá efectos garantizados. Así que, ¿te atreves a seguir? Al fin y al cabo, ¿para qué correr el riesgo de complicarte la vida haciéndote preguntas?

Ah, ¿todavía estás ahí? Perfecto. Esa es tu decisión y con ella, estás pasando a la acción, tomando responsabilidad. Genial. Eso no excluye la mía en todo este proceso: generar preguntas. Sí, esto va a ser un proceso, un proceso de acción, ya que de lo contrario tendría poco sentido hacerse preguntas. Y ese es otro de mis objetivos: fomentar acción.

Nuestro cerebro es muy curioso: piensa, parlotea, elucubra, sugiere, vuelve a pensar, pero… ¿Hace cosas? O mejor dicho, ¿nos lleva a la ac-ción? No siempre, sencillamente porque a veces es más fácil quedarnos en la idea o en la palabra de «voy» a hacer que «decidir» hacer. Afortu-nadamente, en el momento que tomamos decisiones ya estamos pasado a la acción. Por supuesto, que el resultado de la acción sea bueno o malo, dependerá de muchos elementos en los que ahora no podemos entrar.

En las »sopas» que veremos seguidamente no hay respuestas. Sen-cillamente porque no las tengo. Aquí no hay ni milagros ni recetas má-gicas. Aquí solo hay preguntas, para ti o para otros, tanto da, pero pre-guntas al fin. Solo preguntas.

Son cuestiones que podrás aplicar en muchísimos campos de tu día a día y en numerosas situaciones. Además el cómo, para qué y con quién las uses, dependerá solo exclusivamente de ti, no de mí. Eso sí, quiero matizar que estas preguntas no son como un proceso de Coaching. Son simples preguntas para tu introspección. Que de ellas surja un *GAP*, o que tras ellas decidas realizar «microprocesos» ya es otro tema.

No hay respuestas exactas a esas preguntas. A veces no las tengo ni para mí, así que ¿cómo voy a tenerlas para ti? Reconozco que este hecho te puede resultar incómodo porque tal vez (déjame que prejuzgue un poco, venga) tú pensabas que te lo pondría más fácil y que no tendrías que pensar mucho ni gastar energía cerebral y centrarte solo en hacer lo que alguien te dice. Al fin y al cabo, tras lo escrito por mí y leído por ti, ya hay un cierto *rapport* y se ha generado algo de confianza, ¿verdad? Bien, pues para eso hay otros métodos, no este.

Insisto, puede que hayas entrado ya en una situación de incomodidad al saber que aquí solo hay preguntas y que las respuestas deben salir de ti o bien de otros, en el caso que uses este material para ser tú quien haga las preguntas. En cualquier caso, ¿quieres seguir, sí o no? Por cierto, esa es una pregunta «cerrada», ya que solo nos ofrece dos opciones. Como sucede en las encuestas, siempre podemos incorporar esa tercera respuesta de «no sabe, no contesta».

Ahora que ya sabes que no hay ni métodos, ni sistemas, ni pautas ni recomendaciones, solo preguntas, ¿qué vas a hacer? Sigues teniendo opciones, muchas. Veamos, detente por un momento y piensa: ¿cuáles son las dos primeras opciones que se te ocurren? Ajá, sigamos, ¿y cuál más? ¡Un esfuerzo más! ¿Qué más se te ocurre? ¿Alguna cosa más que creas que puede ser útil?

¿Qué ha pasado en tu cabeza durante el párrafo anterior? ¿Qué has sentido? ¿Qué imágenes venían a tu mente? ¿Qué pensamientos sobrevenían? ¿Has percibido algo físicamente? ¿Algo de lo que pensabas era un prejuicio? ¿Cómo podrías definir lo que has sentido? ¿Lo puedes comparar con algo o alguien? ¿Eres consciente de todo el esfuerzo energético que le estás provocando a tu cerebro en este momento? ¿Qué te parece todo esto?

Como ves, preguntas y más preguntas. Esa es nuestra vida y nuestra historia como especie sobre el planeta. Seguramente, si nuestros antepasados más lejanos no se hubieran preguntado nada, todavía estaríamos subidos a los árboles o, cuanto menos, cachiporra en mano, cazando mamuts.

Fíjate en qué sucede si no preguntas. ¿Qué crees que pasa? Venga, piensa, di al menos tres cosas que creas que suceden cuando no hacemos preguntas… ¿Lo tienes? ¿Esperamos un poco más? Por si acaso, te lo digo dentro de unos párrafos… o no. ¿Cuántos entonces? No lo sé.

Déjate sorprender.

¿Qué ha ocurrido justo al terminar el párrafo anterior? ¿Te has dado cuenta de lo que le pasa al cerebro cuando se le hace una pregunta pero no se le entrega una respuesta? ¿Has visto qué pasa cuando alguien te dice que te comentará algo pero no lo hace?

Como verás, las preguntas están organizadas por temas. A partir de ahí, se me ocurren tres formas de trabajar con este material, aunque seguramente tu mente creativa encontrará muchas más:

◻ En orden: siguiendo una lectura secuencial tal como aparecen los bloques de preguntas.

◻ Por temas: ya que al fin y al cabo el orden de exposición es el mío y no necesariamente debe ser el tuyo. Tú debes encontrar el método que te resulte más cómodo.

◻ Al azar: seleccionando una página de forma aleatoria para ver de qué es la Sopa que te ha tocado. A veces la diosa casualidad interviene en nuestro favor...

La recomendación es que recurras a la ya famosa libreta o aplicación de notas que imagino (presupongo) ya estás utilizando. Otra recomendación es que además anotes la emoción predominante que está rigiendo tus respuestas en ese día. Por ejemplo, si hablas desde tu yo alegre, yo motivado, yo placentero, yo relajado, etc. ¿Para qué sirve hacer eso? Es fácil, nunca vivimos exactamente el mismo día (ni siquiera cuando vivimos una existencia zombificada por la tediosa y aburrida rutina) y por eso, si en otra ocasión vuelves a realizarte esas mismas preguntas, podrás valorar desde dónde, desde qué mapa mental de actitudes y creencias temporales, las estás haciendo.

¿Recuerdas que tengo una deuda contigo? ¿La recuerdas sí o no? Mi deuda es decirte algunas cosas que pueden pasar cuando no nos hacemos preguntas. La principal es que al no preguntar, presuponemos. No sabemos con exactitud, creemos, filtramos la realidad a través del tamiz de nuestros juicios, prejuicios, creencias y puntos de vista, interpretamos los hechos, etc... ¿Has visto cuántos elementos diferentes justifican, además, la necesidad de la pregunta?

1. Sopa para mí

☐ ¿Cuándo fue la última vez que dedicaste un tiempo para ti y solo para ti, para preguntarte algo cuya respuesta no era para otros sino solo para ti?

☐ ¿Cuánto hace que no te regalas un tiempo de bienestar para no hacer nada?

☐ ¿Cuándo fue tu último desayuno con calma y tranquilidad, disfrutando intensamente del momento?

☐ ¿Cuándo fue el último día que al despertar te sentiste feliz?

☐ ¿Cuándo fue la última vez que al iniciar tu jornada te dijiste «hoy va a ser un gran día»?

☐ ¿Qué hiciste para lograr que así fuera?

☐ ¿Cuándo fue la última vez que te miraste al espejo solo por el placer de hacerlo y no para tu higiene o belleza?

☐ ¿Cuánto tiempo hace que no cierras temas que esperas una y otra vez ver resueltos?

☐ ¿Te imaginas un tiempo para ti y solo para ti? ¿Qué cuatro cosas deberían suceder?

☐ ¿A qué estás esperando para pasar a la acción y lograr esas cosas?

2. Sopa del para qué

☐ ¿Para qué haces lo que haces?

☐ ¿Qué resultado obtienes de lo realizado?

☐ ¿Lo que haces te suma o te resta a corto, medio y largo plazo?

☐ ¿Para qué lo haces?

☐ ¿Lo haces para ser conocido, para que te aplaudan, para ser un referente, para generar influencia?

☐ En caso que sea así, ¿para qué quieres todo eso? ¿Cómo y de qué manera lo usarás?

☐ ¿Para qué lo haces?

☐ ¿Para adquirir cosas, incrementar la economía o los bienes?

☐ ¿Qué harás con todo eso después? ¿Dónde y cómo lo piensas usar?

☐ ¿Lo obtenido te genera un incremento de tus competencias o conocimientos?

☐ ¿Para qué lo haces?

☐ ¿Para entregar, para formar, para ayudar, para consolar?

☐ ¿Para que te aprecien, para que quieran, para ser aceptado?

☐ ¿Qué buscas exactamente actuando así?

☐ ¿Cómo te hace sentir emocionalmente? ¿Y esa sensación qué te aporta?

☐ ¿Para qué lo haces?

☐ ¿Para atacar, despreciar, perjudicar, vengarte?

☐ ¿Y todo eso para qué te sirve? ¿Qué beneficios te reporta?

☐ ¿Qué tres emociones o sensaciones principales aparecen en tu mente al hacerlo?

☐ ¿Y eso cómo te hace sentir, adónde te lleva?

☐ ¿Crees que podrías actuar de otra manera?

3. Sopa de la zona de confort

☐ Piensa en tu zona de confort. ¿Es tu castillo o tu prisión?

☐ ¿Es tu mirador al mundo o tu gruta sombría?

☐ ¿Es tu biblioteca de la experiencia o un mohoso archivo de olvidos?

☐ ¿Es el núcleo de tu futura vitalidad o el candado que te impide moverte?

☐ ¿Es la realidad vista a través de las sombras o el foco que las proyecta?

☐ ¿Qué hay en esa zona que te pueda ayudar con tu objetivo?

☐ ¿Eres tú quien usa tu zona o ella quien te usa a ti?

☐ Piensa en tu zona: ¿está acotada por alambradas o muros o no acotada?

☐ ¿Qué le falta a tu zona de confort para que logres mayor seguridad, inspiración o sencillamente ganas?

☐ ¿Y eso qué le falta dónde crees que está?

☐ ¿Cómo puedes acercarte?

☐ ¿Qué pensamientos y actitudes deberías implementar para incrementar esos recursos?

☐ ¿Qué es lo peor que te puede pasar si sales de tu zona de confort?

☐ ¿A qué conclusión llegas con eso?

4. Sopa para detenerte

☐

☐ Si piensas en los pasos dados en los últimos tiempos, ¿qué es lo primero que sientes?

☐ ¿Y lo segundo? ¿Y eso qué te dice de ti?

☐ ¿Tus pasos te llevaban al lugar al que querías ir?

☐ ¿Te condujeron por caminos certeros marcados por tu voluntad o te hicieron andar errático sin saber muy bien para qué?

☐ ¿Recorriste tu sendero o seguiste el de otros?

☐ ¿Qué aprendizaje obtienes de todo eso?

☐ ¿Alguna vez callaste cuando en realidad querías hablar?

☐ Y de ser así, ¿dónde quedaron las palabras no pronunciadas?

☐ Aquello que dijiste ¿salía de tu bilis, de tu cerebro o de tu corazón?

☐ ¿Qué aprendizaje obtienes de todo eso?

☐ ¿Y en este tiempo pasado qué has visto?

☐ ¿Viste lo que veías, lo que creías ver o lo que querías ver?

☐ ¿Veías lo que tú mirabas o lo que otros te mostraban?

☐ ¿Qué aprendizaje obtienes de todo eso?

☐ ¿Qué acciones has realizado?

☐ ¿Cuáles son las tres más importantes?

☐ ¿Fueron sostenibles, te dieron más beneficio que perjuicio?

☐ ¿Fueron respetuosas, permitieron tu avance sin el retroceso de otros?

☐ ¿Sumaron en tu vida o restaron?

☐ ¿Qué aprendizaje obtienes de todo eso?

☐ ¿En algún momento una situación te ahogó?

☐ ¿Cuándo respiraste tranquilo?

☐ ¿Cuándo te faltó el aire?

☐ ¿Hubo ambientes, personas o episodios irrespirables?

☐ ¿Qué aprendizaje obtienes de todo eso?

5. Sopa de fracaso

- ☐ ¿Eres de los que abandona o de los que sigue?
- ☐ ¿Persistes o resistes?
- ☐ ¿Resistes o aplicas la resiliencia?
- ☐ ¿Tienes sensación de fracaso? ¿Cómo te hace sentir?
- ☐ ¿Cuál es tu reacción primaria al fracaso? ¿Y la secundaria?
- ☐ ¿Culpabilizas o asumes responsabilidades?
- ☐ ¿Crees que la vida te castiga o te premia?
- ☐ ¿Cuándo y en qué momentos te machacas una y otra vez?
- ☐ ¿Y luego qué haces?
- ☐ ¿Consideras que tienes mala suerte y la vida te castiga?
- ☐ ¿Qué utilidad tiene ese pensamiento para ti?
- ☐ ¿Qué palabras te dices? ¿Qué otras te podrías decir que sean más efectivas y útiles?
- ☐ ¿Te preguntas qué he hecho yo para merecer esto?
- ☐ ¿Que dos o tres palabras definirían mejor lo que te mereces?
- ☐ ¿Qué estás haciendo, diciendo o programando en tu cabeza y en tu vida para «merecer» otra cosa?

6. Sopa de motivos

- ¿Tienes un motivo fuerte, potente y tuyo?
- ¿Tienes una ilusión y pasión que lo sustente?
- ¿Qué recursos tienes para alcanzarlo?
- ¿Qué conocimientos, actitudes, creencias, competencias y recursos propios tienes a tu favor?
- ¿Qué personas y contactos saben más que tú sobre lo que quieres lograr?
- De esas personas, ¿cuáles son las que tienen actitudes multiplicadoras y proactivas?
- ¿Cuáles son las que generan dispersión?
- ¿Con quién compartes tus motivos para darte la alegría de comunicarlos?
- ¿Qué sientes al contarlo?
- ¿Qué harías para convertir tu motivo en una acción de realidad?
- ¿Para qué te serviría esa acción?
- ¿Te dará más beneficio que perjuicio?
- ¿Y luego?

7. Sopa de muerte

- [ ] ¿Qué harías hoy si supieras que mañana morirás?
- [ ] ¿Qué tres cosas te gustaría vivir antes de morir?
- [ ] ¿Que habría en tu desayuno y cuánto tiempo le dedicarías a tu amanecer?
- [ ] ¿Qué le dirías a quien amas, sabiendo que no habrá más oportunidades de conversar?
- [ ] ¿A quién llamarías por última vez? ¿Qué le explicarías?
- [ ] ¿Qué más le dirías?
- [ ] ¿Qué te gustaría recordar?
- [ ] ¿Qué te gustaría que se recordase de ti?
- [ ] ¿Has hecho todo para que ese recuerdo sea viable?
- [ ] ¿Qué palabra o frase sigue estando todavía en la pista de lanzamiento de tu garganta? ¿Para qué te sirve no pronunciarla? ¿Qué esperas que ocurra para hacerlo?
- [ ] ¿Qué acción vital sigue pendiente, una y otra vez, aplazada por «5 minutitos más» como una alarma del despertador, que suena hace semanas o meses, tal vez años?
- [ ] ¿Qué o quién te impide actuar?
- [ ] Y si verdaderamente, no es el momento... ¿Para qué has programado esa alarma?
- [ ] ¿Qué abrazo emotivo y sincero, de esos que nacen desde el alma, tienes pendiente y no te atreves a dar por el «qué pensará» o «qué me dirá»?
- [ ] ¿Para qué te sirve contenerlo, si mañana morirás?
- [ ] ¿Qué es «eso» que guardas y te corroe por dentro?
- [ ] ¿Qué dudas, incertidumbres, ruidos y suposiciones lo acunan y alimentan?
- [ ] ¿Qué utilidad tiene para ti ese «cáncer emocional» que genera «metástasis conductuales» en tus neuronas, paralizándote día a día?

8. Sopa de silencios

- ¿Cómo te hace sentir no poder decir lo que piensas?
- ¿Qué haces para evitar esa sensación?
- ¿Algo o alguien te empuja hacia el silencio?
- ¿Qué puedes cambiar de esa situación? ¿De quién depende?
- ¿Qué callas una y otra vez por temor al resultado de comunicarlo?
- ¿Qué es lo peor que puede pasar si lo dices?
- ¿Cómo te sentirás después?
- ¿Cuándo aceptaste el silencio como respuesta? ¿Para qué te sirvió?
- ¿Lo volverías a aceptar?
- ¿En qué no callas jamás?
- ¿En qué guardas silencio por no molestar o incomodar? ¿Y eso qué te genera?
- ¿Qué escuchas en tu interior cuando hay silencio?
- ¿Qué te dice tu mente una y otra vez?
- ¿Qué te dicen tus sueños sin hablar?
- ¿Qué te dice tu cuerpo desde su silencio?

9. Sopa para mirarse el ombligo

- ☐ Cuando miras hacia ti, ¿qué es lo primero que ves? ¿Y lo segundo?
- ☐ ¿Qué piensas que ven los demás? ¿Qué certidumbre tienes de eso?
- ☐ Si tú eres lo más importante de tu vida, ¿qué son los demás?
- ☐ Y si ayudas a alguien, ¿para qué lo haces? ¿Qué esperas de esa persona?
- ☐ ¿Cómo te sientes cuando te escuchas? ¿Y cuando te escuchan? ¿Y si no lo hacen?
- ☐ ¿Qué esperas de las sonrisas de los demás?
- ☐ ¿Qué esperas de sus caricias?
- ☐ ¿Te cuidas o te cuidan?
- ☐ ¿Te cuidas o solo cuidas?
- ☐ ¿Cómo está tu saldo emocional contigo? ¿Te debes? ¿Te exprimes? ¿Te premias?
- ☐ ¿Qué haces por y para ti para incrementar tu saldo emocional?
- ☐ ¿Qué haces para incrementar el de los demás?
- ☐ ¿Obtienes resultados? ¿Cuáles? ¿Cómo te hacen sentir?
- ☐ ¿Escuchar para luego ser escuchado o escuchas para que te deban una escucha?
- ☐ Y si escuchas a los otros, ¿te escuchas a ti?
- ☐ Y si no lo haces, ¿por qué no lo haces?

10. Sopa para caminar

- [ ] Mírate los pies y piensa, ¿cuál es el primer paso para llegar a donde quieres llegar?
- [ ] ¿Cuál el paso que es mejor no dar en este momento?
- [ ] ¿El calzado y los recursos que tienes te pueden llevar a tu destino?
- [ ] ¿Qué te falta? ¿Qué necesitas? ¿Qué quieres?
- [ ] ¿Qué hay de útil en ti como herramienta de acción?
- [ ] ¿Qué debes dejar atrás como si fuera una pesada piedra?
- [ ] ¿Qué de bueno y útil ves en tus pies como herramienta de acción?
- [ ] ¿Con quién quieres realizar ese viaje? ¿Quién prefieres que no te acompañe?
- [ ] ¿Cómo te gustaría que fuera el camino? ¿Qué tres situaciones o vivencias lo harían especial?
- [ ] ¿Comporta algún peligro? ¿Cuál? ¿Depende de ti? ¿Qué has pensado para vencerlo?
- [ ] ¿Cuál es tu gran objetivo? ¿En qué frases podrías resumirlo?
- [ ] ¿Qué sientes al ver esa frase escrita?
- [ ] ¿Cuántas fases debes cumplir que dependan de ti para alcanzarlo?
- [ ] ¿Qué harías en las tres primeras?

11. Sopa metafórica de arte

- ☐ ¿En tu vida estás pintando el lienzo que quieres o solo el que te permiten?
- ☐ ¿Quién o qué te frena? ¿Por qué lo permites?
- ☐ ¿Quién elige los colores de tu vida, los demás o tú?
- ☐ ¿Cómo obtienes los tonos y pigmentos? ¿Cómo eliges las acciones?
- ☐ ¿Los fabricas con tus pensamientos y acciones o los tomas de otro lugar?
- ☐ ¿Qué prefieres, ser pintor para colorear lo que hacen otros o transformarte en escultor y crear por ti?
- ☐ ¿Dónde está tu talento en añadir color, tapar tonalidades incómodas, dolorosas y disconformes o esculpir otra realidad?
- ☐ ¿Cuándo moldeas y tallas algo por y para ti?
- ☐ ¿Cuándo te limitas a pintar lo que otros han dibujado? ¿Y eso cómo te hace sentir?
- ☐ ¿De qué te das cuenta?
- ☐ ¿Hay miedos en tu vida para reconstruir o repintar?
- ☐ ¿Cuáles debes eliminar? ¿Por qué debes hacerlo?
- ☐ ¿Qué ha pasado para no hacerlo todavía?
- ☐ ¿Cuándo, cómo y de qué manera crees que lo harás?
- ☐ ¿Qué debes dejar ir o dejar de tallar? ¿Qué miedos crees que debes superar?

12. Sopa de eliminación

- [ ] ¿Estás dejando ir lo que no suma en tu vida?
- [ ] ¿Qué te resta vitalidad y energía? ¿Para qué lo mantienes junto a ti?
- [ ] ¿Qué te genera vacío y dispersión?
- [ ] ¿Qué puedes hacer con eso? ¿Qué has hecho hasta ahora?
- [ ] ¿Qué es lo que te reconcome por dentro?
- [ ] ¿Qué o quién te hace levantar paredes que bloquean tu destino?
- [ ] ¿Cuál dirías que es tu pared? ¿Cuándo se levantó? ¿Qué necesitas para derribarla?
- [ ] ¿Qué ruidos o frases resuenan una y otra vez?
- [ ] ¿De dónde salen? ¿Qué o quién los provoca?
- [ ] ¿Qué utilidad tienen para ti? ¿Cómo te gustaría que sonasen?
- [ ] ¿Qué guardas en tu mochila que es tan pesado que cada día molesta más?
- [ ] ¿Qué te impide decir basta?
- [ ] ¿Qué te impide decir adiós?
- [ ] ¿Cuál es el precio que estás pagando por tu inacción?
- [ ] ¿Qué hay en tu caja de apegos? ¿Son miedos, rencores, frustraciones, secretos vergonzantes, realidades dolorosas, asuntos eternamente pendientes?
- [ ] ¿Cómo es esa caja? ¿Sellada para que nada se escape? ¿Invisible para no tener que verla? ¿Insustancial para evitar su carga?
- [ ] ¿Para qué te sirve esa caja? ¿Y su contenido?
- [ ] ¿Te suma o, pese a saber que está ahí y no querer tenerla en cuenta, te resta?
- [ ] ¿Te quita energía, vitalidad, frescura? ¿Entonces para qué la quieres?
- [ ] ¿Te da fuerza, seguridad, certidumbre, valor? ¿Entonces para qué la tienes oculta y cerrada?

13. Sopa de liderazgo

- ☐ ¿Qué te hace especial?
- ☐ ¿En qué eres especial?
- ☐ ¿Cuándo o con quién te sientes especial?
- ☐ ¿Qué hace especial a tu persona?
- ☐ ¿Qué te aporta tu singularidad?
- ☐ ¿Perseveras en tus objetivos e ilusiones?
- ☐ ¿Qué o quién te da fuerza para seguir adelante?
- ☐ ¿Flojeas en algún momento? ¿Cuándo? ¿Procrastinas?
- ☐ ¿Analizas y reflexionas lo ocurrido? ¿Cómo reaccionas?
- ☐ ¿Eres reactivo o proactivo en tu reflexión?
- ☐ ¿Investigas? ¿Buscas nuevas opciones?
- ☐ ¿Cuándo te enfocas? ¿Cuándo pierdes el foco?
- ☐ ¿Cuándo hay más de un foco en tu cabeza?
- ☐ ¿Te dispersas? ¿Tienes ladrones de tiempo? ¿Cuáles?
- ☐ ¿Focalizas desde la emoción, desde la acción o desde el resultado?
- ☐ ¿Cuán decidido eres de 1 a 10? ¿Cómo tomas tus decisiones: por impulso, por reflexión, influencia, necesidad, presión?
- ☐ ¿Hay algo que te paralice a la hora de decidir? ¿Qué?
- ☐ ¿Te inhibes en algún momento? ¿Cuándo?
- ☐ ¿Prefieres delegar en otros? ¿Qué te lleva a hacerlo?
- ☐ ¿Te consideras exigente? ¿De 1 a 10, cuánto?
- ☐ ¿Cuánto te exiges a ti mismo? ¿Cuánto a los demás?
- ☐ ¿Eres analítico? ¿Has padecido alguna vez la parálisis por análisis?
- ☐ ¿Eres resiliente? ¿Eres flexible con las situaciones imprevistas o adversas?
- ☐ ¿Tienes la capacidad de asumir los nuevos escenarios y obtener lo mejor de ellos? ¿Persistes, te adaptas, generas cambio?

14. Sopa de rabia

- ☐ ¿Tu reacción es útil? ¿Es constructiva? ¿Es realista?
- ☐ ¿Has calibrado sus efectos secundarios?
- ☐ Y si has dudado, ¿a qué obedece la duda?
- ☐ ¿Para qué te sirve mirar atrás si ya te has decidido?
- ☐ ¿Has actuado en falso? Si no ha sido así, ¿de qué te preocupas y por qué lo haces?
- ☐ ¿Será que la retirada ha sido en falso?
- ☐ ¿Cómo podrías enfocar lo sucedido de otra manera?
- ☐ ¿Qué debes considerar antes de actuar?
- ☐ ¿Lo que has hecho es lo que debías, querías, tocaba hacerlo o lo tenías que hacer?
- ☐ ¿A qué conclusiones llegas?
- ☐ ¿Cuánto hace que tras un revés no te preguntas el sentido del mismo?
- ☐ ¿Cuánto hace que no analizas tus reacciones?
- ☐ ¿Has evaluado el coste? ¿Y la rentabilidad?
- ☐ ¿Cuánto hace que no te detienes, miras a tu alrededor y evalúas?
- ☐ ¿Cambiará el mundo tu tensión? ¿Servirá de algo la culpabilización?
- ☐ ¿Será útil el reproche?
- ☐ ¿Para qué te sirve eso? ¿Qué vendrá después? ¿Qué harás? ¿Cuál es tu plan de acción?
- ☐ ¿Qué prefieres, seguir nadando en las hieles del rencor por algo ya sucedido o remar en la barca de la responsabilidad para crear un nuevo futuro?

Y llegados a este punto, por mi parte, solo me queda desearte una feliz experiencia. Espero que sea divertida y útil. Por supuesto, deseo que al final de ella no acabes preguntándote ¿cómo se me ocurrió empezar a leer este libro? Aunque si lo haces, pregúntate (o no) ¿qué crees que habría pasado si no lo hubieras hecho? ¿Para qué te ha servido?

Que tengas un bonito día, salvo que tengas otros planes.

EPÍLOGO

Y… Llegados a este punto, a este día y en este momento.

Con el tiempo aprendí que

No por correr más se llega antes

No por hablar más alto se logra la razón

No por pedir perdón se consigue la disculpa

No por querer estar en todas partes se logra estar en alguna

No por oír estás escuchando

No por preguntar vas a conocer o saber

No por abrazar vas a confortar

No por odiar te vas a sentir mejor

No por querer avanzar debemos olvidar

※ ※ ※ ※ ※

En este aquí y ahora, único e irrepetible: gracias.

Gracias los que tuvieron un tiempo para compartir una idea, un sueño, una quimera o un adiós.

Gracias a quienes dedicaron un segundo de su vida a sonreír conmigo.

Gracias a quienes confiaron y me mostraron sus lágrimas.

Gracias a los que se cruzaron en mi vida permitiéndome aprender de ellos.

Gracias a los que me cuidaron, me dieron ánimo y me acompañaron en silencio.

Gracias a los que viajaron al abismo de la frustración.

Gracias a los que subieron a los cielos de la esperanza.

Gracias a los que me abrieron sus corazones, su casa y su existencia.

Gracias a quienes recorrieron el camino junto a mí.

Gracias a quienes marcaron el sendero para que viera que era posible.

Gracias a los que me cuestionaron, ayudándome a crecer.

Gracias a los que discreparon, enseñándome otro punto de vista.

Gracias a los que se fueron, dejando algo de ellos en mi memoria.

Gracias a los que llegaron abriendo nuevos horizontes.

Gracias a los que se reencontraron, permitiendo el recuerdo.

Gracias a quienes me permitieron compartir un abrazo o un beso.

Gracias a los que guardaron silencio y a los que hablaron.

Gracias a los que, de una u otra forma, no quisieron estar.

Pero sobre todo gracias a ti, al Susurro del Destino.

Gracias a todas esas personas que habéis formado parte de mi vida en esto del Coaching. Gracias, porque sin todos y cada uno de vosotros, la vida sería una isla desierta.

A todos, a todas, a ti, os deseo que sea cuando sea, cada uno a su estilo y con sus ideas, intenciones, deseos y razones, volvamos a encontrarnos, unidos de alguna forma en esto que hemos decidido llamar vida o en lo que desconocemos y llamamos muerte.

Descansad en paz, al menos de mí.

Cerramos el Casino.

Menorca, marzo de 2021

❋ ❋ ❋ ❋ ❋

Más de 150.000
ejemplares vendidos

Acepta el reto y recupera la ilusión q⟨
te permitirá tomar el control de tu vi⟨

EDICIÓN 25 ANIVERSARIO

El gran *best seller* internacional con más
de 10 millones de ejemplares vendidos